Emil Husmann

Die Reisekultur in Italien

nebst Karte des Verbreitungsgebietes

Emil Husmann

Die Reisekultur in Italien
nebst Karte des Verbreitungsgebietes

ISBN/EAN: 9783743445536

Hergestellt in Europa, USA, Kanada, Australien, Japan

Cover: Foto ©Andreas Hilbeck / pixelio.de

Manufactured and distributed by brebook publishing software (www.brebook.com)

Emil Husmann

Die Reisekultur in Italien

Die Reiskultur in Italien

(nebst Karte des Verbreitungsgebietes).

Inaugural-Dissertation

zur

Erlangung der Doctorwürde

bei der hohen philosophischen Fakultät

der

Rheinischen Friedrich-Wilhelms-Universität zu Bonn

eingereicht und nebst den beigefügten Thesen verteidigt
10. Juli 1895, 12 Uhr Vormittags
von

Emil Husmann.

Opponenten:

Dr. phil. K. Buscherbruck,
Stud. phil. R. Jungbluth,
Cand. med. J. Leuwer.

1895.
Druck von Carl Schünemann, Bremen.

Inhalt.

                                                                                       Seite

Einleitung 7
    Bedeutung der Reiscultur, insbesondere derjenigen Italiens.

I. Geschichtlicher Überblick über die Verbreitung der Reiskultur 8
    Heimat des Reises in Südostasien. Verbreitung desselben durch die Araber nach Spanien. Einführung in Oberitalien in der zweiten Hälfte des 15. Jahrhunderts. Seine Verpflanzung in die Südstaaten der Union.

II. Die Reispflanze und ihre Vegetatiousbedingungen mit besonderer Berücksichtigung ihrer Kultur in Italien 11
    Beschreibung der Pflanze. Ansprüche derselben an Wasser, Wärme und Boden. Das Kanalsystem Oberitaliens. Temperatur und Niederschläge der oberitalienischen Tiefebene. Bodenbeschaffenheit Oberitaliens.

III. Der Reisbau in Italien 16
    Die alternierenden und permanenten Reisfelder. Bodenbereitung, Aussaat, Berieselung. Reinigung und Ernte. Vergleiche mit dem Reisbau in Japan und Spanien.

IV. Der Reisbau in hygienischer Beziehung und die soziale Lage des Reisarbeiter 23
    Die Malaria. Starke Zunahme der Bevölkerung in den Reisgebieten. Maßnahmen der Regierungen zur Beschränkung des Reisbaues. Arbeit, Lohn und Lebensführung des Reisarbeiters.

V. Anbaufläche. Erträge und Kulturkosten 31
    Die Ausdehnung des Reisbaues in Italien. Statistisches über Anbaufläche und Produktion, Kulturkosten und Reingewinn.

VI. Verarbeitung. Verbrauch und Handel 42
    Die Reismühlenindustrie. Nährwert des Reises. Verwendung desselben. Gründe für die Reiskrisis. Preise des Reises. Aus- und Einfuhr von Reis in Italien. Reiszölle

Bemerkungen zur Karte 53
Angabe der benutzten Litteratur 53
Lebenslauf 54
Thesen 55

Einleitung.

I.

Bedeutung der Reiskultur, insbesondere derjenigen Italiens.

Unter den Getreidearten spielt der Reis im Landbau und Handel eine eigenartige, sehr beachtenswerte Rolle. Von besonderem Interesse sind nicht blofs die geographische Verbreitung und Eigentümlichkeiten seiner Kultur, sondern auch der Umstand, dafs er dem gröfsten Teil der Menschheit zum beliebten Nahrungsmittel geworden ist und den dichtbevölkertsten Teilen der Erde, den Monsunländern Asiens, die wichtigste tägliche Speise liefert. Bei den Japanern ist der gekochte Reis „Gozen" Hauptbestandteil der drei Mahlzeiten des Tages, die nach ihm benannt und als Morgen-, Mittag- und Abendgozen unterschieden werden.[1])

Der Reis bedarf zu seiner Entwickelung ein viel gröfseres Mafs von Wärme als unsre Getreidearten, vor allem aber viel Wasser. Er ist daher vorwiegend das Getreide der sumpfigen Niederungen in den Tropen. Wo er aufserhalb der Tropen auftritt, ist er stets Sommergewächs und gedeiht fast nur mit Hilfe künstlicher Bewässerung.

So hat angestrengter Fleifs des Menschen ihm auch in wasserreichen Gebieten des südlichen Europas eine Kulturstätte bereitet. Von diesen übertrifft Italien alle übrigen bei weitem an Areal und Wert des Produkts. Die oberitalienische Tiefebene, wo sich diese Kultur vorwiegend konzentriert, erhält durch sie ein charakteristisches Gepräge.

Die hohe Bedeutung der Reiskultur für den Nationalwohlstand Italiens, sowie die Eigenart ihres Betriebs lassen es angezeigt erscheinen, sie vom geographisch-statistischen Standpunkt näher zu betrachten. Im Folgenden soll dies teils nach eigener Anschauung, teils auf Grund des vorhandenen Materials versucht werden.

---

[1]) Rein, Japan II. S. 54.

I. Geschichtlicher Überblick über die Verbreitung der Reiskultur.

Nirgends ist das Klima dem Reisbau günstiger, ist der Reis mit dem Leben der Bewohner so innig verwachsen, wie im Monsungebiete. Auch weist kein andres Reisland der Erde so viele Abarten der Reispflanze auf, wie Vorder- und Hinter-Indien. Zweifelsohne sind deshalb diese Länder die Ursitze der Reiskultur, wenn auch die Reispflanze in wildwachsendem Zustande dort ebenso wenig bekannt ist, wie unsre übrigen Getreidearten irgendwo sonst. — Für das hohe Alter des Reisbaus im tropischen Monsungebiet spricht nicht nur der Sanskritname vrihi, von welchem die Benennungen der Pflanze in andern Ländern abgeleitet werden,[2]) sondern auch die Geschichte. Schon frühzeitig verbreitete sich diese Kultur über die nordöstlichen Monsunländer China und Japan. Nacd den frühesten Nachrichten aus China, dessen buddhistische Landbevölkerung ihn als Geschenk der Götter verehrt, soll der Reis schon 2800 vor Christi Geburt dort vom Kaiser gesät worden sein.

In Europa wurde der Reis zuerst durch die Züge Alexanders des Grofsen bekannt, obwohl einzelne allerdings unbestimmte Spuren, wie bei Sophokles, schon auf die Mitte des 5. Jahrhunderts hinweisen.[3]) Schon kurz nach dem mazedonischen Eroberungszuge gab Theophrast eine Beschreibung der Pflanze und der Art ihrer Kultur. Aus dem Periplus maris rubri des sogenannten Arrianus geht hervor, dafs seit der Gründung des Reiches der Ptolemäer in Ägypten ein lebhafter Handel mit Reis über das Persische und Rote Meer stattfand. Dieser Reis mochte von den näheren Produktionsgebieten, Mesopotamien oder den Gegenden am Kaspischen Meer, kommen, wo seine Kultur schon sehr früh festen Fufs fafste. Bei den Römern war er zur Zeit ihrer gröfsten Machtentfaltung ein geschätzter aber teurer Handelsartikel, wie Plinius der Ältere[4]) und andre bezeugen. Nach dem Zeugnis des römischen Arztes Galen wurde Reis auch zur Herstellung eines Medikamentes benutzt, was auch aus der Stelle in Horaz' Satiren II 3. 155 hervorgeht. War nun auch den Römern der Reis durch den Handel bekannt geworden, so blieb doch Südostasien noch Jahrhunderte lang seine einzige Kulturstätte.

---

[2]) Grimm, deutsches Wörterbuch: mhd. ris; Lehnwort aus dem Romanischen — mittellat. Form risum — lat. griech. oryza — iran. brizi — Sskr. vrihi (vgl. Hehn, Kulturpflanzen 432) oder durch Vermittelung einer semitischen Wortform (vgl. Diez 272, Schade 718) also oryza — arab. aroz, uruz — iran. brizi — Sskr. vrihi.

[3]) Victor Hehn, Kulturpflanzen und Haustiere. S. 436 u. ff.

[4]) Plinius, Historia Naturalis. XVIII 73.

Den Arabern, dem rührigsten Handelsvolk an den Gestaden des Indischen Ozeans während des Mittelalters, verdankt man erst die Verbreitung der Reiskultur im Westen der alten Welt. Dafs sie dieselbe nach Ostafrika brachten, ist ebenso erwiesen, wie ihre Einführung durch Araber in Ägypten und Spanien.

In Spanien, wo sie zuerst in Niederandalusien, später in den sumpfigen Niederungen der Provinz Valenzia, besonders am See Albufera und an den Ufern des Jucar einen sehr geeigneten Boden fand, stand sie unter arabischer Herrschaft lange Zeit in hoher Blüte und hat sich bis zur Gegenwart in ansehnlichem Umfange erhalten. Im Sommer 1886 umfafsten die spanischen Reisfelder[5]) 28 432,43 ha. Aufser der Provinz Valenzia (23 237,66 ha) waren noch Tarragona, Murcia und Albacete, Alicante und Castellon de la Plana am Reisbau beteiligt.

Von Spanien aus verbreitete sich der Reisbau im 9. und 10. Jahrhundert auch nach Sizilien und Neapel. Nach Berichten jener Zeit mufs er sich in Sizilien einer gewissen Blüte erfreut haben. Doch kann diese nicht von langer Dauer gewesen sein, da in den Verzeichnissen von Waren, welche Venedig aus Sizilien im 13. und 14. Jahrhundert erhielt, der Reis keine Erwähnung findet, während er jedoch unter den Waren Ägyptens aufgeführt wird.[6]) Abgesehen von dieser vorübergehenden Blüte der Reiskultur in Sizilien, kann man behaupten, dafs vor der Mitte des 15. Jahrhunderts in Italien, zumal in Ober-Italien, kein Reis gebaut wurde. Bis dahin war er Luxusware, die man wahrscheinlich aus Ägypten hezog. In der zweiten Hälfte des 15. Jahrhunderts scheint die Reiskultur von Spanien aus, das zu jener Zeit rege Verkehrsbeziehungen mit Ober-Italien unterhielt, eingeführt worden zu sein. Für diesen Ursprung spricht auch die grofse Ähnlichkeit der ältesten Reissorten Italiens, Riso Nostrale und Riso Ostigliese, mit denen Spaniens. Dafs schon gegen Ende des 15. Jahrhunders die Reiskultur in Ober-Italien einen gewissen Aufschwung genommen haben mufs, beweist die Thatsache, dafs in dieser Zeit der Bau wichtiger Kanäle in Novara und Lomellina, la Mora (1480), la Rizza oder Biraga (1490) und la Crotta oder Busca (1497), in Angriff genommen wurde, und aus jener Zeit die ersten gesetzlichen Vorschriften über den Reisbau datieren.[7]) Der gröfseren Ausbreitung begannen nun aber sämtliche Regierungen entgegenzuwirken, da man die Reisfelder als den Herd der Malaria

---

[5]) Rein, Gesammelte Abhandlungen. S. 221.
[6]) Bordiga, Dell Riso e della sua coltivazione. S. 2.
[7]) Bordiga, a. a. O. S. 2.

ansah. Diese Ansicht fand Vertreter seit der ersten Hälfte des 16. Jahrhunderts bis in das laufende 19. hinein. Eine Reihe von Verboten und gesetzlichen Einschränkungen waren hier, wie auch in Spanien, die Folge. Trotz dieser künstlichen Hemmungen gewann aber nichts destoweniger die Reiskultur immer gröfsere Ausdehnung, da man vielfach die Verbote und Beschränkungen mifsachtete, und im Laufe der Zeit die Strenge in der Durchführung solcher Mafsnahmen nachliefs. Wälder und weniger einträgliche Kulturen wurden durch sie verdrängt, und durch neue Kanalanlagen, Einführung fremder Sorten, durch technische Verbesserungen im Anbau und in der Verarbeitung wurde sie bedeutend gehoben. Seit etwa. $1^{1}/_{2}$ Jahrzehnt nimmt man allerdings, ebenso wie in Spanien, einen Rückgang im Anbau und in der Produktion wahr, dessen Ursache und Umfang uns weiter unten noch besonders beschäftigen wird.

Aufser in Italien und Spanien wird auf europäischem Boden noch in Portugal, ferner an der österreichischen Küste zwischen Monfalcone und Marano, im Temesvarer Banat, an der Maritza und in einigen Gegenden Mittelgriechenlands Reis gebaut. Doch ist die in letzteren Gegenden mehr oder minder vernachlässigte Kultur von untergeordneter Bedeutung. Auch in Portugal hat sie keinen gröfseren Umfang angenommen. Im Jahre 1889 waren hier in den Distrikten Aveiro, Coimbra, Lissabon, Faro und Portalegre 7000 ha[8]) dem Reisbau gewidmet. — Eine viel gröfsere Bedeutung gewann er in Amerika. Engländer verpflanzten ihn im 17. Jahrhundert nach den Südstaaten der Union, insbesondere nach Südcarolina. Klima, Boden und Fleifs der Bewohner brachten die Kultur hier zu einer schnellen Entwickelung, so dafs sie bald die europäische Reiskultur überflügelt hatte. „Europa war", wie Hehn sagt, „für diese Frucht nur die Haltestation, wohin sie die Araber, die alten Zwischenhändler des Ostens und Westens, brachten, und von wo andre sie weiter nach Neu-Indien jenseits des Ozeans schafften." Ende des 18. Jahrhunderts war der Reis einer der Hauptausfuhrartikel der Südstaaten der Union. In unserm Jahrhundert ging der amerikanische Reisbau jedoch mehr und mehr zurück. Im Jahre 1850 wurden nach Scherzer[9]) noch 110 Millionen kg, 1881 aber nur noch 29 Millionen kg geerntet, so dafs Amerika jetzt genötigt ist, für den eigenen Gebrauch noch Reis einzuführen. Nur der Carolina-Reis, die geschätzteste aller Reissorten, spielt als Saatreis im Handel noch eine Rolle.

---

[8]) Rein, Gesammelte Abhandlungen. S. 221.
[9]) Scherzer, das wirtschaftliche Leben der Völker.

Nach den nordöstlichen Niederungen Brasiliens, zwischen dem Amazonas und dem San Franzisco, kam der Reisbau durch die Portugiesen. In den spanisch redenden Ländern Amerikas hat er nie feste Wurzeln gefafst. Damit ist die Wanderung des Reises um den Erdball keineswegs als beendet anzusehen. Wie Baumann und Reichard berichten, breitet sich der Reisbau überall da aus, wohin die Araber kommen.[10]) — Hawai, Neu-Caledonien und Australien sind auch in den Kreis der Reis bauenden Länder getreten. Doch giebt es noch manche Gegenden, wo er noch keinen festen Fufs gefafst hat, wiewohl sich in ihnen diese Kultur sehr lohnen würde. Besonders erscheinen die südamerikanischen Niederungen am Magdalenenstrom, am Orinoco, Amazonas und Paranasystems als die dem Reisbau günstigsten Ländereien, sie liegen aber bis heute gröfstenteils noch unbenutzt da.[10])

Wie vor alters nimmt immer noch die Monsumregion Asiens die erste Stelle in der Reisproduktion ein. Barma, Japan, Java, Ceylon, Cochinchina, Siam und andre Gegenden Südostasiens decken noch immer den gröfsten Teil des europäischen und amerikanischen Reisbedarfs. Insbesondere ist Nieder-Barma in neuester Zeit ein sehr gefährlicher Konkurrent der europäischen Reiskultur geworden. Die Ausfuhr dieses Landes, das in Rangun den bedeutendsten Reisausfuhrhafen besitzt, wurde für das Jahr 1890 auf 1 138 000 Tons[10]) geschätzt.

II.
Die Reispflanze und ihre Vegetationsbedingungen mit besonderer Berücksichtigung ihrer Kultur in Italien.

Der Reis, Oryza sativa, L. gehört zu der Familie der Gramineen und ähnelt in seiner äufseren Erscheinung unsern Getreidearten. Die Wurzel bildet ein mehr oder minder dichtes Büschel fadenförmiger Glieder. Der hohle, mit Knoten versehene Halm, wird 1—1,25 m hoch, zuweilen auch noch höher. Die Blattspreiten sind etwa 25 cm lang und 1½ cm breit. Der Blütenstand bildet eine überhängende Rispe mit einblütigen Ährchen. Die Zahl der Staubgefäfse beträgt 6, die der Griffel 2. Der Reis ist ein Fremdbefruchter; seine Blütezeit ist daher sehr kritisch. Die Rispe trägt 50—120 Körner und mehr, diese sind mit den Spelzen innig verwachsen und dadurch kantig. Dicht an die beiden Spelzen, von denen die untere bei begrannten Sorten die Granne trägt, legen sich aufsen zwei

---
[10]) Oppel, Der Reis. S. 14.

kleine Schüppchen an. Je nach den Sorten können die Grannen gleich den Spelzen gelb, weifs, braun oder schwarz gefärbt sein. Bei einigen fehlen sie gänzlich. Auch kommt es vor, dafs an derselben Rispe einige Ährchen Grannen tragen, andre nicht. Auf manchen italienischen Reisfeldern sieht man Grannen-Reis und grannenlosen nebeneinander. Doch wiegen Reinkulturen der Sorten vor. Das von den Spelzen befreite Korn ist durchscheinend, teils mehr länglich, teils rundlich, meist von weifser Farbe und enthält vorwiegend Stärkemehl.

Es giebt über 200 Reissorten, die sich nicht nur durch das Vorkommen oder Fehlen der Grannen, die Farbe derselben und der Spelzen, sondern auch durch die Gestalt und Gröfse der Körner, die Vegetationsdauer und Wasserbedürfnisse von einander unterscheiden. Die auffälligsten Abarten sind der wenig kultivirte Bergreis (Oryza sativa L. Var. montana Lour.), welcher keiner künstlichen Bewässerung bedarf, und der Klebreis (O. sativa L., Var. glutinosa, Rumph), dessen Körner sich leichter von den Spelzen trennen und dessen Mehl einen sehr klebrigen, zähen Teig liefert. In Italien werden nur wenig erprobte Varietäten des Reises gezogen. Die hauptsächlichsten derselben sind der unbegrannte Bertone und die mehr oder minder stark begrannten Sorten: Nostrano, Novarese oder Ostiglione, Ostigliese, Francone und der Giapponese.

Grundbedingung für das Gedeihen des Reises ist ein reichliches Mafs von Wärme und Wasser. Er verlangt im Frühjahr eine Wärme von 13^0 C., im Sommer eine Durchschnittstemperatur von 20^0 C. und für seine ganze Vegetationsdauer eine Wärmesumme von 3500^0 bis 4500^0 C.[11]). Diese Wärmeansprüche weisen ihn tropischen und subtropischen Gegenden zu; stellenweise geht er aber auch darüber hinaus. Die Nordgrenze erreicht er in Ober-Italien im Distrikt Gallarate, nordwestlich von Mailand bei 45^0 45', noch etwas weiter nördlich geht der Reisdistrikt von Palmanova in der Provinz Udine. In Süd-Carolina reicht der Reisbau bis zum 38^0, in Japan an der Tsugarustrafse bis $41^1/2^0$, auf der Südhemisphäre überschreitet er in Madagaskar und Paraguay kaum den Wendekreis.

Gröfser noch sind seine Ansprüche an Wasser. Er übertrifft in dieser Beziehung alle andern Kulturpflanzen, selbst die Dattelpalme nicht ausgenommen. Weit mehr noch wie sie mufs auch die Reispflanze „ihren Fufs ins Wasser tauchen". Der Reis hat etwa 20 Bewässerungen von je 5 cm oder im ganzen gegen 12000 cbm pro ha

---

[11]) Werner-Koernicke, Handbuch des Getreidebaues, II. Teil, S. 958.

nötig.[12]) Unter Berücksichtigung der Verdunstung und Bodenfiltration berechnete Werner[13]) den Wasserverbrauch zu 2,61 Liter pro ha und Sekunde. Dementsprechend ist der Reisbau nur in Niederungen und auf Terrassen möglich, wo künstliche Bewässerung des ebenen Feldes stattfinden kann, oder häufige Niederschläge dieselbe, wie es in einem Teile des Monsumgebietes der Fall ist, ersetzen. Hier, wo Regen zur Zeit der Entwickelung der Pflanze fällt, gedeiht der sogenannte Bergreis auch in höheren Lagen ohne künstliche Bewässerung.

Neben Wasser und Wärme ist auch der Boden bei der Reiskultur zu berücksichtigen. Verlangt auch der Reis keinen besonders fruchtbaren Boden, so sind doch Torfmoor, salzhaltiger Sand- und Geröllboden ausgeschlossen. Am besten eignet sich mit etwas Kalk gemischter Thonboden, der nicht allzu zäh und undurchlässig ist; er liefert die reichsten Erträge. An Güte folgen thoniger Kalkboden und mit Sand gemischter Boden. Bei grösserer Durchlässigkeit, wie bei letzteren, mufs entsprechend mehr Wasser und Dünger zugeführt werden.

Betrachten wir nun im folgenden, wie die oben angeführten Bedingungen einer erfolgreichen Reiskultur in Ober-Italien erfüllt werden.

Was zunächst die Bewässerung betrifft, so mufs anerkannt werden, dafs nirgendwo auf der Erde das Bewässerungssystem so grofsartig, planvoll und zweckmäfsig durchgeführt ist, wie hier. Zahllose, durch Weiden, Pappeln und Erlen gekennzeichnete Wasseradern, von grofsen Kanälen bis herab zu kleinen Rinnsalen, durchziehen die Tiefebene. Die Kanäle werden entweder von Nebenflüssen des Po oder direkt durch die oberitalienischen Seen gespeist. Durch Schleusen primitivster, aber auch technisch kunstvollster Art wird das Wasser den Reisfeldern zugeführt, wo es, befeuchtend und düngend, verbunden mit der Wärme, die üppigste Fruchtbarkeit hervorruft.

Aufser durch Regen, Kanäle und ihre vielen Abzweigungen, findet auch eine Wasserzufuhr durch Flüsse, Quellen (Fontanili), künstliche Wasserbecken, Teiche und Seen statt, doch wird mehr als die Hälfte des Wassers allein durch die Kanäle zugeführt.[14]) Da das Rieselwasser eine möglichst gleichmäfsige, von der Luftwärme nicht erheblich abweichende Temperatur haben mufs, so verdient dasjenige Wasser den Vorzug, das bei seinem Austritt aus den grofsen

---

[12]) Dünkelberg, Landwirtschaftliche Jahrbücher. 1881. S. 893 ff.

[13]) Werner, Handbuch des Getreidebaues, S. 953.

[14]) **Monografia statistica ed agraria sulla coltivazione del riso in Italia** (Ministero di agricoltura, industria e commercio). S. 108.

oberitalienischen Seen schon eine gröfsere Wärme angenommen hat. Diesen Vorzug haben Tessin, Adda, Oglio, Chiese und Mincio. Dagegen strömt das kalte Wasser der Sesia nach der Schneeschmelze aus den Hochalpen sogleich in die Ebene. Mit der Entfernung von der Quelle nimmt die Verwendbarkeit des Wassers allerdings zu, da es bei längerem Laufe durch die hohe Lufttemperatur bedeutend erwärmt wird.

Den berührten Übelstand sucht man dadurch zu mildern, dafs man das Wasser vor der Benutzung durch Teiche und künstliche Seenbecken führt, die sich in grofser Zahl vorfinden. Aussaat und Ernte fallen trotzdem unter diesen Umständen später als in den übrigen Distrikten. So ist es z. B. in Teilen der Provinz Novara und Lomellina. Dieselben Nachteile hat auch das aus den Fontanili kommende, verhältnismäfsig kalte Wasser.

Einige der hauptsächlichsten Kanäle mögen hier Erwähnung finden. [15]) Der gröfste unter ihnen, aber bis jetzt noch wenig ausgenutzt, ist der in den Jahren 1862—66 mit grofsem Kostenaufwand gebaute Cavourkanal. In 83 km langem Lauf verbindet er den Oberlauf des Po mit dem Tessin und könnte etwa 1 Million ha bewässern. Von diesem abgesehen, bewässern die übrigen Kanäle ein Gebiet von 110 000 ha, d. h. etwa die Hälfte des kulturfähigen Landes. Reicher noch ist die Lombardei an Bewässerungsanlagen. Hier ist vor allem der vom Tessin bis Mailand reichende 50 km lange Naviglio Grande, einer der ältesten Kanäle Ober-Italiens, mit einer Bewässerungsfläche von 31 500 ha zu nennen. Südwestlich von Mailand, bei Abbiategrasso, zweigt sich von diesem der Kanal von Bereguardo ab. Von Mailand aus geht nach Süden zum Unterlauf des Tessin der Naviglio di Pavia, nach Osten zur Adda der durch fünf von Leonardo da Vinci erbaute Schleusen mit dem Naviglio Grande verbundene Naviglio della Martesana. Südlich von diesem verbindet der Kanal Muzza die Adda mit dem Lambro. Ein Werk der neuesten Zeit ist der Kanal Villoresi, dessen technischer Ausführung die gröfste Anerkennung gezollt werden mufs. Er geht vom Tessin kurz unterhalb seines Ausflusses aus dem Lago Maggiore bis nach Monza am Lambro, liegt also nördlicher als alle übrigen und verheifst der bis jetzt nur geringen Reiskultur dieser Gegend eine grofse Zukunft.

---

[15]) a. Dünkelberg, a. a. O.
b. Gieseler, Landw. Jahrbücher 1887.
c. Monografia etc. S. 105.

Trotz dieses Wasserreichtums mufs doch der Reisbauer im Verbrauch desselben sich die gröfste Sparsamkeit auferlegen. Denn jedes Liter, das er seinen Feldern zuführt, mufs er teuer bezahlen, was durch die Unkosten jener grofsartigen Kanalanlagen erklärlich wird. Ein Modul Wasser (100 Liter pro Sek.) kostet z. B. beim Cavourkanal für die Sommermonate durchschnittlich 2600 Lire. Bei dem gewöhnlichen Verbrauch von 3 Liter pro Sek. würde dem Reisbauer also eine Auslage von 78 Lire pro ha [16]) erwachsen. Beim Kanal Villoresi wird sogar jedes Liter pro Sek. mit 33 Lire berechnet.

In bezug auf die klimatischen Verhältnisse der Reisdistrikte können wir uns auf diejenigen Mailands beschränken, das wegen seiner zentralen Lage als mafsgebend angesehen werden kann. Wir werden dabei nur die Momente hervorheben, die für den Reisbau von Wichtigkeit sind.

Das Annuario statistico italiano giebt folgende Temperaturmittel an, die sich auf eine Beobachtungszeit von 22 Jahren (1866—88) stützen:

Winter (Dez.-Febr.)	Frühling	Sommer	Herbst	Jahresmittel
2,26 ° C.	12,66 ° C.	23,4 ° C.	9,66 ° C.	12,7 ° C.

Die Maximaltemperatur beträgt nach der Durchschnittsberechnung der Beobachtungsreihe 37,5 ° C., die Minimaltemperatur — 12 ° für den Winter und 9,5 ° C. für den Sommer. Die relative Feuchtigkeit der Luft Mailands erreicht 70 %. Dieser verhältnismäfsig hohe Grad der relativen Feuchtigkeit ist in der starken Bewässerung der Ebene begründet. — Die jährliche Niederschlagsmenge in mm beträgt nach den Beobachtungen des langen Zeitraums von 1764—1888 im

Winter	Frühling	Sommer	Herbst (Oktober Maximum)	Jahr
193,3	249,3	236,7	321,8	1001,1

Es ergiebt sich daraus, dafs im Herbst, und zwar erst im Oktober, die gröfste Regenmenge fällt, was ja überhaupt in den nördlichen Breiten der Mittelmeerregion Regel ist. Es ist das für den Reisbau von gröfster Wichtigkeit, da anhaltender Regen zur Zeit der Ernte dieselbe leicht vernichten oder doch wenigstens das Trocknen der Körner auf der Tenne erschweren könnte. Der italienische Reisbauer mufs sich also beeilen, die Reisernte vor dem Eintritt der starken Herbstregen zu beenden. — Nicht selten kommen im Frühling und Sommer Hagelschläge vor und können besonders im Sommer für den Reis sehr verhängnisvoll werden.

---

[16]) Monografia statistica. S. 107.

Mit einigen Worten wollen wir endlich auch die geologischen Verhältnisse der oberitalienischen Tiefebene, soweit sie für die Reiskultur in Frage kommen, berühren. Da, wo jetzt der Po mit seinen Nebenflüssen fruchtbare Auen durchfliefst, breitete sich einst bis Turin hin die Adria aus. Die Poebene verdankt ihren Ursprung den Anschwemmungsgebilden der Alpenströme und Gletschermoränen auf der einen, den Anschwemmungen der Apenninflüsse auf der andern Seite. Die Zersetzungsprodukte der Alpen, die im Westen mit der Zentralzone altkristallinischer Gesteine, im Osten mit den vorgelagerten Kalksteinenschichten die Ebene umgürten, und der Apennin mit seinen Kalksteinschichten der Jura- und Kreideformation einerseits und den Tertiärschichten der Pliocen- und Myocenperiode anderseits, lieferten eine dem Reisbau im ganzen günstige Ackerkrume, die einen mehr, die anderen weniger.

III.
Der Reisbau in Italien.

Je nach den Verhältnissen des Bodens, verfährt man bei der Reiskultur in Ober-Italien in zweifacher Weise. In tief gelegenen, stets feuchten, sumpfigen Ländereien wird der Reis Jahr aus Jahr ein auf demselben Boden gebaut. Höchstens nach 8 bis 10 Jahren bleibt das Feld einmal brach liegen. Diesen permanenten Reisfeldern (risaie stabili) gegenüber unterscheidet man alternierende oder temporäre Reisfelder (risaie da vicenda), auf denen die Reiskultur mit andern Kulturen wechselt. Die letztere Art der Kultur hat den doppelten Vorteil, dafs sie einerseits reichere Ernten hervorbringt, anderseits die sumpfigen Niederungen mit ihren gesundheitschädlichen Ausdünstungen meidet. Die permanenten Reisfelder stehen daher auch denen mit Wechselwirtschaft an Umfang bei weitem nach. Von den in den Jahren 1879—83 dem Reisbau durchschnittlich gewidmeten 201,807 ha entfielen auf permanente Reisfelder 48,921 ha, auf alternierende 152,886 ha, auf letztere also mehr als $3/4$ des ganzen Reisbaus [17]. In Sizilien giebt es nur solche mit Rotation, in Lucca, Neapel und Cosenza dagegen ausschliefslich permanente Reisfelder. Jene herrschen in Piemont, der Lombardei und Venetien vor, diese in der Provinz Emilia.

Die gröfseren Gefahren, welche die permanenten Reisfelder für die Gesundheit der Bewohner und Arbeiter mit sich bringen, und

---

[17] Monografia statistica. S 12.

die geringe Ertragfähigkeit derselben hatten das italienische Ackerbau-Ministerium zu besonderen Erhebungen in den betreffenden Reisdistrikten veranlafst. Die Ergebnisse derselben sind in der schon mehrfach erwähnten Monografia statistica ed agraria sulla coltivazione del riso mitgeteilt. Auf die Frage, ob man beabsichtige, die Kultur auf permanenten Reisfeldern einzuschränken, antworteten von 299 in Betracht kommenden Gemeinden 223, also $^3/_4$ der Gesamtheit, in bejahendem Sinne. An die Stelle der Reiskultur beabsichtigte man den Anbau von Futterkräutern und andern Getreidearten treten zu lassen. Bei 54 Gemeinden stiefs der Ersatz der Reiskultur überhaupt auf keine Schwierigkeit. Bei den übrigen verhinderte das tiefe Niveau der Felder, die Infiltration des Bodens, Mangel an gutem Wasser oder auch an Kapital, den Wechsel in der Kultur vorzunehmen. — Im ganzen waren in den Jahren 1879—83 am Reisbau 704 Gemeinden beteiligt. Den 299 Gemeinden mit permanenten Reisfeldern stehen also 405 mit alternierenden gegenüber.

Bei der Wechselwirtschaft ist die Fruchtfolge in den verschiedenen Gegenden sehr verschieden. Allen gemeinschaftlich ist nur, nach zwei- oder drei-, höchstens vierjähriger Reiskultur einen Trockenbau eintreten zu lassen. Im allgemeinen herrscht eine sechsjährige Fruchtfolge vor. In der bei Mailand üblichen Rotation folgt z. B. auf Mais, Weizen und Klee mit Raygras drei Jahre hintereinander Reis. Bei Vercelli folgt der Reis auf Winterweizen, dem Klee und Mais vorangehen. Den reichsten Ertrag an Reis bringt das erste Jahr, in den folgenden nimmt er trotz starker Düngung allmählich ab. Anderwärts ist der Anbau der Futterpflanzen bei dieser Rotation auf mehrere Jahre ausgedehnt, oder auch noch Hafer in die Fruchtfolge aufgenommen; so dafs sich die Rotation über acht bis neun Jahre erstreckt. Als der einträglichsten aller dieser Kulturen giebt man überall der Reiskultur den hervorragendsten Platz in der Fruchtfolge.

Durch diese Wechselwirtschaft mit Weizen, Mais und Futterpflanzen unterscheidet sich die italienische Reiskultur wesentlich von der andrer Länder. Nach Rein[18]) ist sie weder in Spanien noch in Japan üblich. In jedem Sommer dient in diesen Ländern das Reisfeld dem gleichen Zweck. Wohl aber wird in besonders fruchtbaren Niederungen beider Länder vor der Aussaat des Reises Winterweizen oder Raps geerntet. Im allgemeinen bleibt jedoch das Reisfeld den Winter über brach liegen. Im tropischen Monsumgebiet werden vielfach zwei Reisernten und obendrein oft noch eine Winterfrucht ermöglicht.

---

[18]) Rein, a) Gesammelte Abhandlungen. S. 223. b) Japan. II. S. 43—57.

Die Anlage und Bearbeitung der Reisfelder ist sehr eigenartig. Jedes Reisfeld ist von mehr oder weniger breiten Gräben umschlossen, die je nach ihrer höheren oder tieferen Lage Wasser zu- oder ableiten. Bei starker Neigung des Bodens wird das Reisfeld terrassenförmig angelegt, ähnlich wie es in Ost-Asien geschieht, wo die einzelnen Stufen durch Mauern oder Raine getrennt sind. Bei schwacher Neigung eines nicht sehr grofsen Feldes genügt die Herstellung einer einzigen ebenen Fläche, deren Neigung 0,10—0,15 % betragen kann. Ist das Reisfeld von gröfserem Umfang, so müssen auch hier in entsprechenden Abständen Stufen gebildet werden, deren Neigung 0,20—0,30 % beträgt. Da das über das Reisfeld geleitete Wasser in steter, wenn auch langsamer Bewegung sein und auch in bezug auf seine Höhe reguliert werden mufs, so ist das Reisfeld durch 40—50 cm hohe Dämme (argini), die zugleich als Fufswege dienen, abgeteilt und innerhalb dieser longitudinal und transversal verlaufenden Dämme der Boden möglichst horizontal durch Abtragen und Aufschüttung von der Mitte aus geebnet. Die Zahl der durch die Dämme abgeteilten ebenen Flächen (quadri oder piane) ist um so gröfser, je gröfser die Neigung des Reisfeldes ist. Die Ausdehnung derselben ist also bei geringer Neigung gröfser als bei starker. Sie schwankt zwischen wenigen Quadratmetern und 5—6 Ar. Eine zu grofse Ausdehnung der Flächen ist insofern schädlich, als der Wind das Wasser dann stärker bewegen kann, und die Reispflänzchen dadurch entwurzelt und so der Vernichtung preisgegeben werden. Doch darf ihnen auch keine zu kleine Ausdehnung gegeben werden, da dies verhältnismäfsig höhere Anforderungen an Arbeit und Kapital stellt, und durch die Dämme Kulturboden verloren geht. Das Wasser darf weder in zu grofser Fülle, noch zu schnell über das Reisfeld fliefsen, da abgesehen von der Verschwendung dieses teuren Artikels das eine die Güte des Produkts beeinträchtigt, das andre eine Fortschwemmung des Bodens zur Folge hat. Die Regulierung des Wassers, von der der Ertrag des Reises und die Kosten der Bewässerung wesentlich abhängen, wird während der ganzen Vegetationszeit einem erfahrenen Arbeiter anvertraut. Ist das Reisfeld nicht sehr grofs, so genügt ein einziger Zuführungsgraben. Bei gröfserem Umfang werden sekundäre Gräben angelegt, die parallel zu dem Hauptgraben verlaufen und mit diesem an den Seiten in Verbindung stehen.

Während des Winters sind die Reisfelder selten und zwar nur dann mit Wasser bedeckt, wenn man durch die Schlammführung desselben den Boden erhöhen oder verbessern will. Sonst legt man sie schon zur Erntezeit trocken und verhütet durch Reinigung der

Gräben, deren Schlamm den Reisfeldern als Dünger zu gute kommt, dafs das Wasser stagniert. Im März oder April, seltener schon im Herbst, wird das Reisland 15—20 cm tief gepflügt, jede Erdscholle mit Egge oder Hacke zerkleinert und der Boden vollkommen geebnet. Der schlammige Boden einzelner permanenter Reisfelder macht das Pflügen mit Zugtieren unmöglich. Auf diesen sumpfigen Reisfeldern (risaie vallive da zappa) tritt an die Stelle des Pfluges Hacke und Schüppe.

Damit das Wasser bei der Berieselung guten Abflufs hat, zieht man mit Pflug oder Schüppe durch das ganze Feld Furchen (fossetti oder solchi), die rechteckige Zwischenräume von 2,50 bis 3 m zwischen sich lassen. Dann werden die Dämme, soweit sie nach der Ernte vernichtet worden waren, wieder hergestellt, so dafs das Wasser nur durch bestimmte Oeffnungen fliefsen kann. Diese Durchflufsöffnungen in den Dämmen befinden sich sämtlich auf einer Linie, die in der Diagonale der abgeteilten Felder liegt. Dadurch verhütet man, dafs das Wasser zu schnell über das Feld strömt und die Pflänzchen entwurzelt. Soll das Feld trocken gelegt werden, und das Wasser schnell ablaufen, so öffnet man dem Wasser einen Weg den Furchen entlang. Zu diesen Arbeiten tritt endlich noch die Düngung mit Komposterde, Guano, Stallmist oder Lupinen als Gründüngung.

Die Zeit der Aussaat des Reises richtet sich nach der Beschaffenheit des Bodens, der Temperatur des Wassers und der Luft und der Vegationszeit der Sorte. Sie schwankt zwischen Ende März und Ende Mai.

Bevor man zur Aussaat schreitet, läfst man durch grofse Öffnungen aus den Gräben Wasser auf die Reisfelder fliefsen. Hat das Wasser bei einer Höhe von 8—10 cm den Boden gehörig durchweicht, so wird von einem Pferde eine schwere Diele über denselben gezogen. Das soll dazu dienen, die noch vorhandenen Erdschollen zu brechen, besonders aber dazu, den Schlamm gehörig aufzuwühlen. Wird nämlich dann der Samen, der nach sorgfältiger Auswahl vorher 24 Stunden zum Einweichen in den Gräben gelegen hat, breitwürfig ausgestreut, so wird er unter den allmählich sinkenden Schlamm begraben und das Keimen dadurch begünstigt. Auf 1 ha sät man 1,5—3 hl Reis, je nach dem Alter und der Fruchtbarkeit des Bodens. Auf dem fruchtbarsten Boden bei Vercelli begnügt man sich mit nur 0,70 hl pro ha.

Um den Boden stärker zu erwärmen und das Keimen dadurch zu befördern, wird 3—4 Tage nach der Aussaat das Wasser bis auf nur wenige Centimeter erniedrigt. Dies hat zugleich den Vorteil, daſs dadurch viele dem Reis schädliche Tierchen untergehen. Gewöhnlich fängt er 15—20 Tage nach der Saat an zu keimen. Ist das Wasser aber kalt und der Boden schon etwas durch die voraufgegangene Kultur erschöpft, so kann es sich auch bis auf 20 oder 25 Tage hinziehen. Im weiteren Verlauf der Vegetation giebt man dem Wasser die Höhe, die das Stadium der Kultur gerade erfordert. Im Mittel beträgt sie 15—20 cm, auf warmem Boden mehr, als auf kaltem. Bei Reif und Regen wird die Wasserschicht zum Schutz der Pflanzen erhöht, bei andern Schädigungen, z. B. bei Hagel, niedriger gestellt.

Interessant ist es, die in Japan und Spanien übliche Methode der Reiskultur zur Vergleichung heranzuziehen. Nach Rein[19]) geben wir darüber kurz folgendes an. Im April wird in Japan eine Ecke des Reisfeldes als Saatbeet, ähnlich wie oben beschrieben, hergerichtet. Ist die Fläche dann gehörig mit Wasser durchtränkt und bedeckt worden, so wird der Same aus flacher Wanne mit der Hand gestreut. Diese Aussaat erfolgt gegen Ende April oder Anfang Mai. Etwa 30—40 Tage später, also im Juni, beginnt das Verpflanzen, nachdem man das Reisfeld durch Umarbeitung, Ebnung, Anlage der Dämme, Düngung und Bewässerung zur Aufnahme der Pflänzchen hergerichtet hat. Zu diesem Zwecke werden die zu kleinen Bündeln vereinigten Reispflänzchen von einem Manne einzeln rechts und links auf das Wasser geworfen und von den nachfolgenden Männern und Frauen aufgehoben und verpflanzt. Dabei setzt man 4—6 Pflänzchen so zusammen, daſs sie in Reihen von 20—25 cm Abstand stehen und etwa 1200—3000 Büschel auf 1 Ar kommen.

Auch in Spanien wird nach demselben Verfasser der Reis nicht mehr durch Breitsaat direkt auf das Feld ausgestreut, wie in Italien und Spanien selbst noch vor etwa 40 Jahren, sondern nach ungefähr 30 Tagen vom Saatbeet verpflanzt. Die Zeit der Aussaat auf das Saatbeet beginnt Ende Februar und dauert bis Mitte März. Das Verpflanzen erfolgt gewöhnlich in der zweiten Hälfte des April. Hier wird also früher gesäet wie in Italien, wo, wie oben erwähnt, die kalten Alpenflüsse zur Bewässerung dienen.

Aus ähnlichem Grunde, nämlich wegen der langen Dauer des Winters, beginnt der Reisbau so spät in Japan.

Übrigens scheint man jetzt auch in Italien der Frage des Verpflanzens näher zu treten. Mehrere Versuche sind schon damit

---

[19]) Rein, Japan. II. Teil.

angestellt worden und haben ein sehr günstiges Ergebnis gehabt[20]). Die Vorzüge dieser Methode gegenüber der älteren sind ohne Zweifel ganz bedeutend: der Körnerertrag ist reichlicher und die Qualität ist besser, die Wasserzufuhr ist geringer und weniger kostspielig, das Wasser hat innerhalb der freien Zwischenräume freiere Bewegung, was verbunden mit dem ungehinderteren Luftzutritt die schädlichen Ausdünstungen verringert, endlich ermöglicht sie noch auf dem Reisfeld vor der Verpflanzung Flachs oder Weizen zu ziehen und so den Reinertrag des Feldes bedeutend zu erhöhen.

Zum Schluſs sei noch erwähnt, dafs in Süd-Carolina weder die eine noch die andre Art angewandt wird, sondern hier der Same gedrillt wird.

Im Juni, wenn die Reispflanze sich schon bestockt hat, tritt noch eine sehr wichtige Arbeit an den italienischen Reisbauer heran: die Reinigung (mondatura) des Feldes von den zahlreichen Unkräutern, die sonst die Reispflanze ersticken würden. In vielen Fällen ist sogar eine zweite Reinigung erforderlich, die dann 15—20 Tage später eintreten mufs. Da in Italien breitwürfig gesät wird, so kann das Unkraut nicht durch Hacken entfernt werden, sondern mufs mühsam einzeln mit der Hand ausgezogen werden. Diese schwere Arbeit des Jätens wird von Männern und Frauen, von Einheimischen sowohl wie Fremden ausgeführt. Von morgens 6 bis nachmittags 3 oder 4 Uhr, abgesehen von kurzer Unterbrechung, waten Arbeiter und Arbeiterinnen in gebückter Haltung und unter den sengenden Sonnenstrahlen bis zu den Knieen im Wasser und Schlamm. Um der Malaria, die besonders die fremden Arbeiter befällt, vorzubeugen, läfst man ihnen hin und wieder Chinin verabreichen.

Einige Tage nach dem Ausjäten des Unkrauts legt man das Feld trocken, teils um den Boden stärker zu erwärmen und dadurch das Schossen der Pflanzen zu fördern, teils um schädliche Tiere zu vertilgen.

Ist das Reisfeld von den vielfach verheerend auftretenden Reiskrankheiten verschont geblieben, so sieht der Landmann im Herbst den Erfolg seiner sauren Arbeit in den schweren, reifenden Rispen. Hat die Mehrzahl der Rispen eine goldgelbe Färbung angenommen, dann beginnt er mit der Ernte. Bei längerem Warten würden die nur noch locker in den Rispen gehaltenen Körner zur

---

[20]) z. B. Versuche eines Sign. Luigi Bono in der Gemeinde Fombio (Distrikt Lodi) vom Jahre 1877—79, mitgeteilt in: Bordiga, Del Riso e della sua coltivazione, S. 151.

Erde fallen. Die Zeit der Ernte ist je nach Lage und Art ebenso verschieden, wie die der Aussaat. Zum gröfsten Teil fällt sie in den Anfang oder die Mitte des Septembers, also in eine Zeit, wo die Niederschläge noch gering sind. Frühreifende Sorten, wie den Bertone, erntet man schon Ende August, spätreifende Ende September oder gar erst Anfang Oktober. Als ich anfangs September des Jahres 1892 die Reisfelder in der Umgegend Mailands besuchte, war der Bertone schon eingeerntet, auf den übrigen Feldern hatten die Rispen begonnen sich zu färben. Vierzehn Tage später fand ich die Arbeiter überall mit dem Einernten beschäftigt, oder es bezeichneten Stoppelfelder die Stellen, wo wenige Tage vorher die wogende Rispe rauschte. Nur hier und da harrte noch ein Reisfeld der Sichel.

Viel später als in Italien, nämlich erst Ende Oktober, findet die Haupternte der wichtigsten Reissorte, des Oku, in Japan[21]) statt. Da seine Aussaat in der zweiten Hälfte des April oder Anfang Mai erfolgt, so hat er also ein volles Halbjahr zu seiner Entwickelung nötig, während der italienische Reis im Durchschnitt nur eine Vegetationszeit von 5—5$^1/_2$ Monaten, der Bertone gar nur von 4$^1/_2$ Monaten bedarf. Wie die Aussaat, so fällt auch die Ernte des Reises in Spanien[22]) im allgemeinen früher als in Italien, nämlich in den Anfang des Septembers. Aussaat und Ernte des italienischen Reises stehen also der Zeit nach in der Mitte zwischen Aussaat und Ernte des spanischen und japanischen.

Drei bis 10 Tage vor der Ernte wird das Reisfeld trocken gelegt, damit nicht die Räder der Erntewagen in den sonst schlammigen Boden eindringen und nicht die mit Miasmen erfüllte Luft die Gesundheit der Erntearbeiter gefährdet. Ist der Boden einigermafsen trocken, so beginnt die Arbeit der Schnitter. In schräger Reihe folgen 15—20 derselben hintereinander und schneiden die Halme etwa 3 cm über dem Boden mit der Sichel ab. Mit überraschender Schnelligkeit werden 7 bis 8 Handvoll der geschnittenen Halme zu Bündeln zusammen gelegt, mit Seilchen aus Reishalmen umwickelt und dann 3 oder 4 dieser Garben (covoni) gegen einander aufrecht auf die Stoppeln gestellt, so dass sie sich gegenseitig zur Stütze dienen. Nach sorgfältiger Verladung wird der Reis durch Ochsengespanne auf die Tenne (aja) geschafft, um dort gedroschen zu werden. Auf kleinen Besitzungen geschieht dies noch hin und wieder mit Dreschflegeln, auf gröfseren wurde früher der Reis durch Pferde

---

[21]) Rein, Japan. II. Teil.
[22]) Rein, Gesammelte Abhandlungen. S. 224.

oder Ochsen ausgetreten; seit der Mitte des Jahrhunderts werden aber mit Wasser oder Dampf getriebene Dreschmaschinen benutzt. Der gedroschene aber noch mit der Spelze (crusa) bekleidete Reis wird in Italien risone genannt, der Engländer nennt ihn so Paddy, eine Bezeichnung, die auch in ganz Ostasien üblich ist.

Nach dem Drusch werden die Reiskörner zum Trocknen in dünnen Lagen auf der Tenne aufgeschüttet. Die Tenne, im inneren Hofraum eines Bauerngutes gelegen, ist entweder gepflastert oder cementiert und dacht sich von der höheren Mitte aus nach zwei Seiten mit schwacher Neigung ab. An den Seiten fangen Rinnsale das Regenwasser auf und bewahren so den aufgeschichteten Reis vor Feuchtigkeit. Täglich wird derselbe mit Harken gehörig umgewühlt und mit Schaufeln aufgeworfen und bei anbrechender Dunkelheit in langen prismatischen Schichten aufgehäuft, wodurch der Reis vor Erhitzung und Gährung bewahrt bleibt. Am folgenden Morgen wird er wieder über die Tenne ausgebreitet und geworfelt. Das wird so mehrere Tage wiederholt, mit dem Unterschied, dafs an den folgenden Abenden der Reis kegelförmig in Mengen von 30—50 hl aufgeschichtet wird. Nach 3 Tagen ist er gewöhnlich trocken, so dass sich das Korn leicht von der Spreu sondert und eine harte Bruchfläche zeigt. Der trockene Reis wird dann entweder auf den Speicher gebracht, wo er in Schichten von 6—8 cm liegen kann, oder sogleich in Maschinen einer weiteren Behandlung unterzogen. Die eigentliche Kulturarbeit des Landmannes ist mit dem Drusch und Trocknen des Reises beendet.

IV.
Der Reisbau in hygienischer Beziehung und die soziale Lage der Reisarbeiter.

Nicht nur von schädlichen Tieren, Unkräutern, Krankheiten und schlechter Witterung wird der Reisbau bedroht, sondern auch menschliches Vorurteil tritt heute wie ehedem häufig seiner Entwickelung hindernd in den Weg. Abgesehen von den ebenso ungerechten, als egoistischen Klagen, dafs der Reisbau andre wichtige Kulturen verdränge, — das wird mit dem Hinweis darauf hinfällig, dafs er viele Tausende ernährt und für Oberitalien eine der hauptsächlichsten Einnahmequellen bildet, — glauben viele seine Wirkung auf die Gesundheit der Arbeiter und Anwohner auf gleiche Stufe mit derjenigen der Sümpfe stellen zu können und verlangen deshalb seine möglichste Einschränkung oder gar völlige Ausrottung.

Prüft man die Meinung des Volkes sowohl wie der Hygieniker und Agronomen, so zeigt sich nirgends völlige Übereinstimmung. In einigen Orten wurde lebhafter Protest laut gegen den Reisbau, infolge endemischer Krankheiten, andre Orte sahen bei ähnlichen Umständen gleichgiltig der weiteren Ausbreitung des Reisbaues zu. Ein Teil der Hygieniker fordert seine völlige Unterdrückung, andre, mit denen auch viele Agronomen übereinstimmen, eine Einschränkung des Reisbaues, wenigstens auf den permanenten Reisfeldern. Selbst die gesetzlichen Bestimmungen über denselben sind im Lande verschieden je nach den einzelnen Provinzen.

Indem wir uns auf die kritischen Untersuchungen eines Bordiga[23]) stützen, wollen wir im folgenden darzustellen versuchen, wie weit diese Meinungen über die hygienische Seite des Reisbaues Berechtigung haben und wie weit sie übertrieben sind.

Von vornherein ist zuzugeben, dafs auch die Reisfelder infolge der Ausdünstung in Verwesung geratener, organischer Stoffe, Miasmen entwickeln, die schädigend auf den menschlichen Organismus wirken können. Untersuchungen haben ergeben, dafs in dem Wasser, dem Thau und der Luft der Reisfelder sich Bacillen befinden, die ganz analog denen sind, welche die Malaria verursachen. In Gegenden, wo der Reisbau betrieben wird, treten denn auch häufig genug periodische Fieber und andre nach Ansicht der Ärzte damit zusammenhängende Krankheiten, wie z. B. Verdickung der Milz, Leberleiden, Wassersucht und andre auf. Todesfälle dagegen als Folge der Malaria kommen nur ganz vereinzelt vor. Keinesfalls aber können die Reisfelder in ihrer Wirkung auf den Gesundheitszustand der Bevölkerung mit den Sümpfen verglichen werden. Diese haben eben stagnierendes Wasser, während das Wasser der Reisfelder in steter, wenn auch langsamer Bewegung ist, überdies durch Mitführung atmosphärischen Sauerstoffes viele organische Substanzen auflöst und unschädlich macht. Nur wenn der Boden nicht sorglich genug geebnet ist, kann das Wasser auch hier, besonders bei wenig lockerem Boden, nach der Trockenlegung des Feldes, stellenweise stagnieren, und dann ebenso schädlich wirken, wie das stagnierende Wasser der Sümpfe.

Letztere sind im allgemeinen ungleich verderblicher als Reisländereien, was schon zur Genüge daraus erhellt, dafs die Bevölkerung in den Sumpfgegenden, wie z. B. bei Rom und Grosseto, sehr dünn gesät ist, während der Reisbau in Ober-Italien, besonders in den Gegenden seiner intensivsten Entwickelung, eine starke Vermehrung

---

[23]) Oreste Bordiga: Del Riso e della sua Coltivazione. Novara 1880. S. 204 ff.

der Bevölkerung, wenn nicht zur Folge gehabt, so doch mindestens nicht verhindert hat.

Vergleicht man in Bordiga[24]) die Tabellen über Bevölkerungszunahme und Sterblichkeit in Sumpfdistrikten wie Rom und Grosseto einerseits und den Reisgegenden anderseits, so mufs man zu dem Schlufs kommen, dafs erstere nicht im entferntesten in bezug auf gesundheitschädliche Wirkungen den letzteren gleichgestellt werden können. Fügen wir noch hinzu, dafs die Resultate der Rekrutenaushebungen durchaus nicht zu Ungunsten der Reis bauenden Distrikte sprechen, so wird man zugeben müssen, dafs kein Grund vorliegt, die gesundheitschädlichen Wirkungen derselben so hoch anzuschlagen, und wird vielmehr es als ein Glück ansehen, dafs die früher weit ausgeereiteten Sümpfe Ober-Italiens der Reiskultur haben weichen müssen.

Werfen wir noch einen Rückblick auf die Mafsregeln, die die Regierungen zum Schutz der Bevölkerung gegen die Wirkungen des Reisbaus trafen, so finden wir, dafs diese fast so alt sind wie die italienische Reiskultur selbst. Schon im Jahre 1498 gab der Duca Lodovico il Moro Bestimmungen betreffs der in Stampfmühlen beschäftigten Reisarbeiter. Als im Anfang des 16. Jahrhunderts der Reisbau an Ausdehnung gewonnen hatte, begannen sämtliche Regierungen demselben entgegenzuwirken. Es folgte eine Reihe von Verordnungen über die Bewässerungen, über die Entfernung der Reisfelder von den Städten, oder auch Verbote, ähnlich wie in Spanien.[25]) Auffallend ist, dafs diese Bestimmungen immer wieder aufs neue eingeschärft wurden, ein Zeichen dafür, dafs sie von den Interessenten, meist Klerus und Adel, wenig oder gar nicht beachtet wurden. Mit besonders scharfen Bestimmungen gingen die Herzöge von Piemont vor. In Saluzzo z. B. wurde im Jahre 1523 der Reisbau nach einer verheerenden Pest gänzlich verboten, im Jahre 1567 wurde dieses Verbot wieder erneuert. Bei Vercelli begannen die Beschränkungen im Jahre 1571. Die Entfernung von der Stadt wurde im Jahre 1579 zu 10 Meilen (= 15 km) festgesetzt. Im Jahre 1608 wurde verordnet, dafs Reisfelder nur mit allerhöchster Erlaubnis angelegt werden sollten, und zwar nur da, wo sich das Feld für andre Kulturen als ungeeignet erwies. Die Entfernung von bewohnten Orten sollte mindestens 6 km, die von den Wegen 4,2 km betragen. Unzählige andre Verordnungen folgten, die einen noch schärfer als die andern, bis im Jahre 1850 allgemeine

---

[24]) Bordiga, a. a. O.; S. 224 ff.
[25]) Rein, Gesammelte Abhandlungen. S. 225.

Bestimmungen für den Reisbau in ganz Piemont maßgebend wurden.
— Für die Lombardei datieren die ersten Verordnungen aus dem Jahre 1575 und wurden durch ähnliche Umstände veranlaßt wie in Piemont. Von da ab mußte sich der Reisbau 7½ Meilen (= 11,25 km) von der Kathedrale Mailands entfernt halten. Im allgemeinen war jedoch die Lage des Reisbaus in der Lombardei günstiger als irgend sonst. Er wurde von der spanischen Regierung in Mailand, die sich dort seit dem Anfang des 16. Jahrhunderts festgesetzt hatte, geradezu begünstigt. Ihrem Einfluß verdankt man daher auch wohl die große Ausbreitung des Reisbaus in jenem und dem folgenden Jahrhundert. Die wichtigsten gesetzlichen Bestimmungen gab in der Folge der Governatore Gusman Ponce de Leon im Jahre 1662, die allen folgenden bis 1796 zur Grundlage dienten. Sie bestimmte die Entfernung von den Mauern Mailands, Novaras und Pavias zu 6 km. Dieselbe wurde später für die beiden letzteren Städte auf 3 km verringert und erfuhr in der Folge noch weitere Modifikationen durch Gesetz vom Jahre 1809 und 1812.

Die Republik Venedig traf 1556 zum ersten Mal Bestimmungen über das zur Berieselung verwandte Wasser. Im Jahre 1594 wurde der Reisbau auf sumpfige Ländereien beschränkt, die für andre Kulturen ungeeignet waren und, da auch hier das Verbot mißachtet wurde, im folgenden Jahre die Vernichtung aller nach dem Jahre 1556 entstandenen Reisfelder angeordnet und zwar weniger aus hygienischen Gründen, sondern mit Rücksicht auf die Verdrängung andrer Kulturen, wie Weizen, Mais, Wein u. a. durch den Reisbau. Schon damals wurde, wie die Verordnung erwähnt, ein großer Teil des geernteten Reises aus Venedig ausgeführt. Im Laufe der Zeit wurden hier die Beschränkungen jedoch aufgehoben oder doch modifiziert, so daß im vorigen Jahrhundert Venetien zu den blühendsten Reisdistrikten Italiens gehörte.

Ebensowenig beschränkt, vielmehr begünstigt, wie in der Lombardei und Venetien, konnte sich der Reisbau auch in der Emilia entfalten und trug hier wesentlich dazu bei, das Areal der Sümpfe zu verkleinern.

In Toscana dagegen und der ehemaligen Republik Lucca, wo ebenfalls Gelegenheit geboten war, die ausgedehnten Maremmen urbar zu machen, verbot eine kurzsichtige Regierung den Reisbau, der sich seit dem Jahre 1600 hier auszubreiten begann, zu wiederholten Malen. Die letzten Verordnungen aus diesem Jahrhundert, die der Jahre 1842 und 1849, banden den Reisbau an behördliche Erlaubnis und den Nachweis dauernder Bewässerung.

Im früheren Königreich beider Sizilien war der Reisbau zwar auch nicht frei von gesetzlichen Beschränkungen, doch sind dieselben wegen der geringen Ausdehnung desselben von keiner gröfseren Bedeutung.

Seit dem Jahre 1866 ist der Reisbau ganz Italiens gesetzlich geregelt. Es wurden jedoch keine einheitlichen Bestimmungen für das ganze Reich getroffen, sondern die Einführung und Art derselben in das Befinden der Provinzialräte gestellt, die sich mit den Gemeinden und Sektionsbehörden ins Einvernehmen zu setzen haben. Der Sindaco der Gemeinde hat darüber zu wachen, dafs die gesetzlichen Bestimmungen beobachtet werden. Die Entfernung der Reisfelder von den Städten und Dörfern, wie auch die andern zahlreichen Bestimmungen sind daher ganz verschieden je nach Provinz und Distrikt. Die Entfernungen schwanken zwischen 5000 und 30 m, je nach der Gröfse von Stadt und Dorf und der strengeren oder weniger strengen Entscheidung der Provinzialbehörden. Die mafsvollsten Bestimmungen haben gerade solche Provinzen, die wie Novara und Mailand intensivsten Reisbau aufweisen, während z. B. die Provinz Parma, in der nur wenig Reis gebaut wird, mit gröfster Schärfe vorgeht.

Mit denselben Anfeindungen hat auch der Reisbau in Spanien[26]) zu kämpfen. Anläfslich der seit dem Jahre 1884 auch in Spanien entstandenen Reiskrisis wurde von der mit der Untersuchung derselben betrauten Kommission auch die Frage nach den gesundheitschädlichen Wirkungen der Reisfelder eingehend erörtert. Die Kommission, die die Ergebnisse ihre Untersuchungen i. J. 1887 in dem Werke „La Crisis arrozera" niederlegte, kam zu dem Schlufs, dafs im Reisgebiet der Provinz Valencia die Bevölkerung während der letzten Jahrzehnte sich bedeutend vermehrt habe und mit der Zunahme des Reisbaues eine grofse Abnahme der Sterblichkeit im allgemeinen und an Sumpffieber Hand in Hand gingen. Rein[27]) hebt bei der Besprechung des spanischen Reisbaues hervor, dafs in Spanien die Besserung der Gesundheitsverhältnisse mit der vor etwa 40 Jahren dort eingeführten, veränderten Betriebsweise, nämlich der Einführung der Vorsaat und Verpflanzung in Reihen zusammenfällt. „Die Reihensaat", fügt er hinzu, „ermöglicht dem Reisbauer die Reinhaltung seines Feldes, namentlich von dem übelriechenden Armleuchter; dem Wasser und und Winde aber erleichtert sie die Zirkulation. Da in Japan keine

---

[26]) Rein, Gesammelte Abhandlungen. S. 228 ff.
[27]) Rein, a. a. O.

Malaria mit der Reiskultur verknüpft ist, so liegt hierin vielleicht die Erklärung."

Sollten die auch in Oberitalien angestellten, günstigen Versuche mit der Reihensaat, von denen wir oben Mitteilung machten, ihre allgemeine Einführung zur Folge haben, so würden sich gewifs die Vorteile derselben auch nach der hygienischen Seite bemerkbar machen.

Mit einigen Bemerkungen seien endlich noch die Arbeiterverhältnisse in den Reisdistrikten Ober-Italiens berührt, die in engster Berührung mit den oben besprochenenn hygienischen Fragen stehen.

Unter den Reisarbeitern unterscheidet man drei Gruppen: die auf den Gütern ansässigen Arbeiter, die mit den Pächtern oder Besitzern jährliche Kontrakte vereinbaren (salariati), ferner die ebenfalls in der Nähe ansässigen Tagelöhner (braccianti) und die meist aus den gebirgigen Teilen des nördlichen Ober-Italiens zur Zeit der Reinigung des Reisfeldes und der Ernte herabkommenden Arbeiter beiderlei Geschlechts. Die materielle Lage der Arbeiter der ersten Gruppe ist noch ziemlich günstig zu nennen. Je nach ihrer Thätigkeit sind sie in verschiedene Klassen geordnet. Einem derselben wird die Führerschaft zuerteilt. Dieser Obmann erhält als jährlichen Lohn 120 Lire, die übrigen dagegen nur 80—90 Lire. Dazu erhält jeder an Naturalien 8 hl Mais, $1^{1}/_{2}$—$2^{1}/_{2}$ hl Reis, 250—500 Bündel Reisig, einen 90—100 qm grofsen Garten mit Dünger und zwei Zimmer zur Wohnung. Jeder Arbeiter erhält aufserdem $^{1}/_{3}$ vom Produkt eines ihm zur Bearbeitung übergebenen, 60—80 Ar grofsen Maisfeldes, und Darlehn zur Beschaffung und Unterhaltung von Schweinen, Hühnern, Gänsen u. a. Diese Teilwirtschaft[26]), in Italien mezzadria genannt, ist für die italienische Landwirtschaft charakteristisch und fast überall in Italien, wenn auch unter den verschiedensten Formen, heimisch. Alles in allem beläuft sich das jährliche Einkommen eines solchen Arbeiters auf 500 Lire, abgesehen davon, was die übrigen Familienglieder in den Sommermonaten im Tagelohn verdienen. Maisbrot, Reis und Polenta bilden fast ausschliefslich seine tägliche Speise, nur ausnahmsweise gestattet er sich etwas Wein und Fleisch. Die Kleidung dieser Leute besteht meist aus groben Baumwollstoffen. Ihre Wohnungen entsprechen nicht den geringsten Anforderungen der Hygiene, wenn auch darin schon hier und da Wandel geschaffen ist. Die Fenster sind meist mit Papier oder Tuch bedeckt und die Zimmer in jämmerlichem Zustande. Überdies ist es Gewohnheit dieser Leute, in den Ställen zu

---

[25]) Eheberg, Agrarische Zustände in Italien. S. 124.
[26]) Jacini, La proprietà fondiaria in Lombardia. S. 212.

schlafen, unbeachtet der Ausdünstungen von Tieren und Dünger. Die Tagelöhner mieten ein paar Zimmer mit Viehstall und leben einerseits von dem Erlös der Viehhaltung, anderseits von dem Tagelohn, der im Sommer für Männer 1,50—2,50 Lire, auch wohl 3 Lire, für Frauen 1,20—1,50 Lire, im Winter dagegen nur bezüglich 0,80—1,20 Lire und 0,50—0,70 Lire beträgt. Aus Mais, Reis und ein wenig Gemüse besteht im wesentlichen ihre meist kärgliche Mahlzeit. Die Kinder, für deren Unterricht wenig Sorge getragen wird, müssen sich schon früh in der Wirtschaft nützlich machen. Mit 10 oder 12 Jahren fangen sie schon an, im Tagelohn zu arbeiten.

Die Arbeiter der letzten Gruppe, meist junge Burschen und Mädchen, die zur Zeit der Reinigung der Reisfelder und der Ernte sich aus entlegenen Orten zusammen finden — die einheimische Bevölkerung liefert hierzu keine genügende Anzahl von Arbeitskräften — stehen ebenfalls unter Führung eines Obmanns, der für sie gegen eine tägliche Abgabe den Tagelohn vereinbart und vielfach auch die Besorgung der Minestra, der Suppe für die Mittagsmahlzeit, übernimmt, wobei er sich nicht selten Erpressungen zu schulden kommen läfst. Dieses System, das nicht wenig Ähnlichkeit mit einer Spekulation auf Kosten der armen Arbeiter zeigt, hat schon oft Erbitterung und Ausschreitungen der Arbeiter zur Folge gehabt, weshalb einsichtige Gutsherrn beginnen, sich selbst mehr um ihre Arbeiter zu kümmern. Die Arbeit beginnt 4 oder 4½ Uhr morgens und dauert 12 Stunden mit einer halbstündigen Unterbrechung um 8 Uhr und einer einstündigen um 10 Uhr und mittags. Viele Arbeiter arbeiten auch noch über 4 Uhr nachmittags hinaus bis zum Sonnenuntergang und erhalten dafür die Hälfte oder ein Drittel des üblichen Tagelohns mehr. Dieser schwankt bei den Männern zwischen 1,50 und 2 Lire, bei den Frauen zwischen 1,25 und 1,75 Lire, zu Zeiten gröfserer Arbeitsnachfrage steigt er auch wohl auf 2,50 Lire beziehungsweise 2 Lire und darüber. — Diese Leute nehmen in der ersten Pause Mais- oder Reisbrot mit etwas Käse oder Schweinefleisch schlechtester Güte zu sich.

Um 10 Uhr und Mittag wird allen gemeinschaftlich Minestra di riso und Bohnen mit Speck verabreicht, und am Abend giebt es wieder ein wenig Brei und Käse, wie am Morgen. Ihre Arbeit ist aufserordentlich ermüdend; nichtsdestoweniger unterhält sich das junge Volk am Abend durch Tanz und Spiel, um am Morgen die schwere Arbeit wieder aufzunehmen, nachdem es die Nacht auf dem Heuboden einer Käsehütte oder auch unter freiem Himmel zugebracht hat. Der Kontrakt, den der Obmann dieser Arbeiterrotten mit dem

Gutsherrn oder Pächter abschliefst, wird wöchentlich auf einem öffentlichen Platze der nächsten Stadt oder des nächsten gröfseren Dorfes erneuert. Zu diesen oft viele Kilometer entfernten Stellen wandert die ganze Arbeiterschar und verbringt die Nacht unter den Thorwegen, oder auf den Strafsen unter den Bäumen. Es ist natürlich, dafs eine solche Lebensweise häufig genug den Keim zu den Krankheiten legt, denen die „mondatori delle risaie" ausgesetzt sind.

Die Erntearbeiten werden mit 2 oder 2.50 Lire pro Tag bezahlt, vielfach aber auch mit Teilen des geernteten Produkts. Letzteres ist immer der Fall bei den Arbeitern und Arbeiterinnen, die mit dem Dreschen und Trocknen des Reises auf der Tenne beschäftigt sind. Erstere erhalten für die ganze Zeit jener Arbeiten, die etwa 1½ Monate dauern, 3—4 hl geschälten Reis, letztere 2—2½, was ungefähr einem Werte von 80—108 Lire, beziehungsweise 54—67 Lire entspricht.

Ist die Zeit der Reinigung der Reisfelder und der Ernte beendet, so kehren die Arbeiter in ihre Heimat zurück, die „mondatori" mit einer Ersparnis von 30—40 Lire, die andern mit Reis zur Ernährung im Winter. Viele von diesen Arbeitern erkranken an der Terzana, dem dreitägigen Fieber, oder ziehen sich langwierige Krankheiten zu infolge der übermäfsigen Anstrengung, besonders dann, wenn sie über die gewöhnliche Stundenzahl hinaus arbeiten und an der Nahrung zu sparen suchen, um einen höheren Verdienst mit nach Hause zu nehmen.

So wenig beneidenswert die Lage dieser Arbeiter auch ist, so ist sie doch durchaus nicht schlechter, als die Lage derjenigen, die von den Bergen in die Ebene herabkommen zum Schnitt der Wiesen und des Getreides. Am wenigsten hat ihr Loos Ähnlichkeit mit dem der unglücklichen Arbeiter, die in Latium und Toscana in den Gegenden der Maremmen Arbeit suchen. Von ungefähr 30 000 Arbeitern, die jährlich die Weizenernte in der Campagna romana besorgen, soll nicht weniger als ein Drittel in den Krankenhäusern Roms Heilung von den Fiebern suchen.

Aus vorstehender Darstellung wird eins klar ersichtlich sein, dafs nämlich viele der Krankheiten, die dem Reisbau an sich zur Last gelegt werden, eine Folge der teils selbst-, teils unverschuldeten Lebensweise dieser Arbeiter ist, besonders mit Rücksicht auf Wohnung und Ernährung. Das wird noch augenscheinlicher, wenn man bedenkt, dafs der Boden der Häuser aus Backsteinen besteht, deren Erde von den Reisfeldern herrührt, und die Häuser selbst sich mit diesen auf gleicher Höhe befinden, dafs überdies das Trinkwasser aus Brunnen geschöpft wird, deren unfiltriertes Wasser mit den Reisfeldern in Beziehung steht. In diesen Punkten strebt man neuerdings, wie anzuerkennen ist, nach Besserung, so dafs wohl nach Beseitigung solcher Mängel die Klagen über die schädlichen Wirkungen des Reisbaues mehr und mehr verstummen werden.

II. Theil.

V.

Anbaufläche[29], Erträge und Kulturkosten.

Betrachten wir im allgemeinen die Ausdehnung der Anbaufläche des Reises, so fällt auf der Karte, welche die Ausdehnung des Reisbaues in den Jahren 1879 bis 1883 zur Darstellung bringt, sogleich in die Augen, dafs dieselbe an natürliche Grenzen gebunden ist. Die wasserreiche Ebene ist die eigentliche Stätte der Reiskultur. Im Norden Ober-Italiens geht die Grenze nicht über den Rand der Voralpen hinaus; es läuft die Grenzkurve der Alpen fast parallel mit der nördlichen Grenze des Reisgebiets. Im südlichen Pogebiet tritt der Ausbreitung der Reiskultur der Apenninenwall entgegen. Im Westen bei Turin, wo die Ausläufer des Apennin mit den Alpen fast zusammenstofsen, ist daher die Zone des Reisgebiets am schmalsten und geht hier auf seiner Südseite nicht über den Po hinaus. Es verbreitet sich aber nach Osten in dem Mafse wie Alpen und Apennin zurücktreten. In der Gegend von Parma konnte die Reiskultur daher den Po überschreiten und sich südostwärts über Ravenna hinaus ausbreiten und nördlich vom Po fast bis zum Lago Maggiore und L. di Garda, und weiter nordöstlich in den Niederungen am Adriatischen Meer festen Fufs fassen, das sie bis zur österreichischen Grenze hin umgürtet. Ein immerhin noch grofser Teil des von Natur für den Reisbau wohlgeeigneten Gebiets innerhalb dieser natürlichen Grenzen ist demselben allerdings nicht gewidmet. Wohl giebt es noch Striche, wo früher Reisbau betrieben, jetzt aber aufgegeben worden ist. So beteiligten sich noch in den Jahren 1870/74 die Provinzen Torino, Piacenza, Treviso, Forlì, im Süden Campobasso und auf Sizilien Girgenti an demselben, während umgekehrt erst in den Jahren

---

[29] Dazu Karte.

1879/83 in der Provinz Cosenza derselbe begonnen wurde. Auch nach diesen letzten Jahrgängen blieben natürlich die Grenzen des Reisgebiets und sein Umfang nicht konstant. Seit 1888 ist z. B. auch der hoch im Norden gelegene, inselartige Reisdistrikt von Gallarate verschwunden, dagegen zählen seitdem Asola und Bozzolo zu den reisbauenden Gemeinden. Es ändert sich der Umfang der Reiskultur fast in jedem Jahre, sei es zu seinen Gunsten oder, wie es meist der Fall ist im letzten Jahrzent, zu seinen Ungunsten.

Naturgemäfs mufste sich die Reiskultur dort am kräftigsten entwickeln, wo die Bedingung des gröfsten Wasserreichtums gegeben war, nämlich auf beiden Seiten der Sesia und des Tessin, wo überdies zahlreiche Kanäle der natürlichen Wasserverteilung zur Seite stehen.

Die mir zugänglichen statistischen Angaben über Anbaufläche und Produktionsmenge des italienischen Reises reichen bis zum Jahre 1870 zurück. Bis dahin soll das dem Reisbau gewidmete Areal 150 000 ha[30]) nicht überstiegen haben. Nach jenem Jahre, nachdem also, wie schon oben erwähnt, das Kanalsystem bedeutend vergrössert worden war, nahm er zunächst einen mächtigen Aufschwung, ging dann aber wieder zurück infolge der verschiedensten Ursachen, die zusammen zu einer Reiskrisis führten. In diese Zeit fallen zwei gröfsere statistische Erhebungen; die eine erstreckt sich über den Zeitraum von 1870—74, die andre über die Jahre 1879—83. Eine Vergleichung der Ergebnisse dieser beiden Erhebungen zeigt schon deutlich einen Rückgang der italienischen Reiskultur, der auch in den folgenden Jahren mit gleicher Tendenz fortschreitet.

Während des Zeitraumes von 1870—74 wurde der Reisbau in 30 Provinzen Italiens betrieben. Das dem Reis gewidmete Areal war in den Landschaften Piemont und Lombardia am gröfsten. Die Gesamtausdehnung der Reiskultur betrug nach der Durchschnittsberechnung dieser Jahre 232 669 ha, der mittlere Ertrag pro ha 42.20 hl risone und die jährliche Produktion 9 818 151 hl risone.

Gemäfs der folgenden Erhebung über die Jahre 1879—83 wurde der Reis nur noch in 25 Provinzen oder 75 Distrikten kultiviert. Die Zahl der Reis bauenden Gemeinden betrug 704 gegenüber einer Gesamtzahl von 7553 Gemeinden in Italien. Die Beteiligung der Landschaften am Reisbau war wie folgt:

---

[30]) Bordiga, a. a. O. S. 5.

Landschaften	Reisbau haben			Keinen Reisbau haben			Landareal zum Reisareal wie 1000 zu
	Prov.	Distr.	Gem.	Prov.	Distr.	Gem.	
Piemonte..............	2	4	99	2	17	1387	31.424
Lombardia	6	23	430	2	12	1465	28.666
Veneto...............	6	28	113	2	48	679	9.502
Emilia...............	6	14	52	2	8	270	9.094
Toscana..............	1	1	2	6	12	239	0.238
Meridionale mediterranea.	2	2	2	7	32	1144	0.021
Sizilia	2	3	6	5	21	351	0.210
Italien...............	25	75	704	44	209	7553	6.810

Wiederum stehen Piemont und die Lombardei obenan, sowohl in bezug auf Anbaufläche, als auf den relativen und absoluten Ertrag des Produkts. Allein in den Distrikten Vercelli, Novara und Mortara wurden 4 464 890 hl risone geerntet, d. h. nicht viel weniger als ²/₃ der Gesamtproduktion Italiens. Zieht man noch den Distrikt Pavia hinzu, in welchem die Reiskultur ebenfalls grofse Ausdehnung hat, so würden die Flüsse Dora Baltea, Po und Tessin das Gebiet mit intensivster Reiskultur umschliefsen, als dessen Zentrum die von Vercelli anzusehen ist.

Die Distrikte, deren Reisareal über 30 ha pro 1000 ha des Gesamtareals hinausgeht, stufen sich in jenen Jahren nach der Bedeutung ihres Reisbaues in folgender Weise ab:

№	Distrikt	Provinz	Landschaft	Verhältnis der Anbaufläche des Reises zu 1000 des Gesamtareals	Jährl. Produktionsmenge in hl risone
1	Vercelli	Novara	Piemonte....	451.828	2 219 876
2	Ostiglia	Mantova	Lombardia ..	246.239	83 576
3	Novara	Novara	Piemonte....	228.846	1 204 356
4	Mortara (Lomellina).	Pavia.......	Lombardia ..	220.726	1 040 658
5	Abbiategrasso	Milano......	Lombardia ..	130.964	282 305
6	Ariano nel Polesine ...	Rovigo	Veneto......	130.031	70 237
7	Pavia.......	Pavia	Lombardia ..	119.332	369 309
8	Isola della Scala ·.....	Verona	Veneto......	103.805	132 590

JV?	Distrikt	Provinz	Landschaft	Verhältnis der Anbaufläche des Reises zu 1000 des Gesamtareals	Jährl. Produktionsmenge in hl risone
9	Crema	Cremona	Lombardia	87.035	115 669
10	Dilano	Milano	Lombardia	77.701	246 313
11	Lodi	Milano	Lombardia	67.820	208 118
12	Adria	Rovigo	Veneto	61.899	49 560
13	Mantova	Mantova	Lombardia	60.361	101 635
14	Ravenna	Ravenna	Emilia	47.658	97 674
15	Gonzaga	Mantova	Lombardia	44.158	36 053
16	Cologna Veneta	Verona	Veneto	40.769	19 586
17	Citadella	Padova	Veneto	39.667	15 398
18	Guastalla	Reggio Emilia	Emilia	34.862	28 474
19	Legnago	Verona	Veneto	34.852	31 952
20	Bologna	Bologna	Emilia	32.449	232 243

In diesem Zeitraum (1879—83) betrug die Gesamtausdehnung 201 807 ha, der mittlere Ertrag pro ha 36.25 hl risone und die jährliche Gesamtproduktion 7 316 485 hl risone. Vergleicht man diese Zahlen mit obigen aus den Jahren 1870—74, so fällt der Vergleich in jeder Beziehung zu Ungunsten des ersteren Zeitraumes aus.

In den Jahren 1879—83 hatten die Provinzen Turin, Treviso, Piacenza, Forlì, Campobasso und Girgenti den Reisbau aufgegeben, sei es aus hygienischen Gründen oder infolge der Erschöpfung des Bodens. Dagegen fand der Reisbau eine neue Stätte in der Provinz Cosenza. Eine weitere Ausdehnung seit 1874 erfuhr die Reiskultur in den folgenden Jahren in den Provinzen Alessandria, Novara, Brescia, Udine, Bologna, Lucca, Napoli, Catania und Siracus. In Alessandria stieg die Anbaufläche sogar von 1353 ha auf 2260, in Novara von 72 300 auf 89 967. In allen übrigen Provinzen ist dagegen ein Rückgang der Reiskultur nach dem Jahre 1874 zu verzeichnen, die besonders bei Pavia ziemlich beträchtlich ist, wo sie von 56 355 ha auf 33 716 zurückging. Diese beklagenswerte Erscheinung ist hauptsächlich in den durch die asiatische Konkurrenz hervorgerufenen niedrigen Preisen, in der fortschreitenden Verminderung des Bodenertrags, besonders auf den permanenten Reisfeldern, und der anhaltenden Ungunst der Witterung in jenen Jahren begründet.

Im einzelnen ergiebt sich für den Stand der italienischen Reiskultur in den Jahren 1870 bis 74 und 1879 bis 83 folgendes Bild, das wir einer Zusammenstellung in der ministeriellen Veröffentlichung über den Reisbau[31]) entnehmen:

Agrar-Landschaften[32])	Provinzen	Zeitraum	Anbaufläche in ha	Mittlere jährliche Ernte in hl risone pro ha	Gesamtproduktion
Piemonte	Torino	1870—74	80	38.00	3 040
		1879—83	..	..	..
	Alexandria	1870—74	1 353	48.00	58 179
		1879—83	2 260	49.48	111 820
	Novara	1870—74	72 300	44.50	3 217 350
		1879—83	89 967	38.74	3 484 932
	....	1870—74	73 733	44.46	3 278 569
		1879—83	92 227	39.00	3 596 752
Lombardia	Pavia	1870—74	56 355	44.50	2 507 797
		1879—83	33 716	41.82	1 409 967
	Milano	1870—74	21 880	43.00	940 840
		1879—83	18 172	40.59	737 620
	Bergamo	1870—74	530	40.00	21 200
		1879—83	579	30.50	17 659
	Brescia	1870—74	820	40.00	32 800
		1879—83	851	38.55	32 810
	Cremona	1870—74	6 900	43.00	296 700
		1879—83	5 550	30.06	166 806
	Mantova	1870—74	14 350	41.00	588 350
		1879—83	8 518	27.67	235 678
	....	1870—74	100 835	43.51	4 387 687
		1879—83	67 386	38.59	2 600 540
	Verona	1870—74	13 790	41.00	565 390
		1879—83	8 750	31.74	277 738
	Vicenza	1870—74	1 155	38.00	43 890
		1879—83	765	31.05	23 757
	Udine	1870—74	565	35.00	19 775
		1879—83	883	28.71	25 350
	Treviso	1870—74	200	35.00	7 000
		1879—83	..	..	..
	Venezia	1870—74	3 840	38.00	145 920
		1879—83	3 125	20.14	62 950

[31]) **Monografia statistica ed agraria sulla Coltivazione del Riso in Italia.** S. 178. Roma 1889.
[32]) **Man unterscheidet unter Anlehnungen an die alten Provinzen folgende 12 Agraerlandschaften** (regione agrarie): 1. Piemonte; 2. Lombardia; 3. Veneto; 4. Liguria; 5. Emilia; 6. Marche ed Umbria; 7. Toscana; 8. Roma; 9. Meridionale adiatica; 10. Meridionale mediterranea; 11. Sicilia; 12. Sardegna.

Agrar-Landschaften	Provinzen	Zeitraum	Fläche in ha	Mittlere jährliche Ernte in hl risone pro ha	Gesamtproduktion
Veneto	Padova	1870—74	2 790	38.00	106 020
		1879—83	1 845	27.44	50 639
	Rovigo	1870—74	10 120	37.00	374 440
		1879—83	6 929	17.67	122 459
	....	1870—74	32 460	38.89	1 262 435
		1879—83	22 297	25.25	562 893
Emilia	Piacenza	1870—74	190	36.00	6 840
		1879—83	..	..	..
	Parma	1870—74	3 055	35.00	106 925
		1879—83	1 071	29.01	31 074
	Reggio Emilia	1870—74	2 770	34.90	96 673
		1879—83	2 104	19.93	41 942
	Modena	1870—74	735	34.00	24 990
		1879—83	1 105	20.60	22 760
	Ferrara	1870—74	2 222	38.00	84 436
		1879—83	538	23.42	12 600
	Bologna	1870—74	8 575	34.00	291 550
		1879—83	9 068	31.48	285 443
	Ravenna	1870—74	6 900	35.00	241 500
		1879—83	4 770	25.68	122 474
	Forlì	1870—74	15	36.00	540
		1879—83	..	..	..
	....	1870—74	24 462	34.89	853 454
		1879—83	18 656	27.67	516 293
Toscana	Lucca	1870—74	480	31.00	14 880
		1879—83	530	35.03	18 567
	....	1870—74	480	31.00	14 880
		1879—83	530	35.03	18 567
Meridionale adriatia	Campobasso	1870—74	70	28.00	1 960
		1879—83	..	..	..
	....	1870—74	70	28.00	1 960
		1879—83	..	..	..
Meridionale mediterranea	Napoli	1870—74	30	25.00	750
		1879—83	70	44.00	3 080
	Cosenza	1870—74	..	..	..
		1879—83	27	20.00	540
	....	1870—74	30	25.00	750
		1879—83	97	37.32	3 620
	Catania	1870—74	340	30.00	10 200
		1879—83	415	30.00	12 450

Agrar-Landschaften	Provinzen	Zeitraum	Anbaufläche in ha	Mittlere jährliche Ernte in hl risone	
				pro ha	Gesamtproduktion
Sicilia	Siracusa	1870—74	134	31.00	4 154
		1879—83	199	26.98	5 370
	Girgenti	1870—74	125	32.50	4 062
		1879—83	..	..	..
		1870—74	599	30.74	18 416
		1879—83	614	29.02	17 820
Regno d'Italia	....	1870—74	232 669	42.20	9 818 151
		1879—83	201 807	36.25	7 316 485

Die rückgängige Bewegung der Reiskultur hielt, wie aus der folgenden Tabelle[33]) ersichtlich ist, auch in den folgenden Jahren an. Die jährliche Produktionsmenge ging im Jahre 1888 sogar auf 4 254 747 hl risone zurück, gegenüber 7 316 485 hl in den Jahren 1879—83 und 9 818 151 hl in den Jahren 1870—74, erreichte also nicht einmal die Hälfte derjenigen des letzteren Zeitraums. Vom Jahre 1889 ab begann die Lage der Reiskultur sich wieder zu bessern, wie aus der folgenden Tabelle ersichtlich, teils infolge des seitdem eingeführten Schutzzolles, der eine teilweise Vermehrung des Reisareals zur Folge hatte — im Jahre 1891 von 1596 ha gegenüber den Vorjahren —, teils infolge besserer Erträge des Feldes, — in Monza stieg z. B. im Jahre 1891 der Ertrag auf 83 hl pro ha.

[33]) Entnommen aus dem Bolletino di Notizie agrarie. — (Die Veröffentlichungen sind seit dem Jahre 1893 eingestellt worden.)

— 38 —

Land-schaften	1884 Produktions-menge in hl risone	1885 Produktions-menge in hl risone	1886 Produktions-menge in hl risone	1887 Produktions-menge in hl risone	1888 Produktions-menge in hl risone	1889 Produktions-menge in hl risone	1890 Produktions-menge in hl risone	1890 Anbau-fläche in ha[31]	1891 Produktions-menge in hl risone	1891 Anbau-fläche in ha	1892 Produktions-menge in hl risone	1892 Anbau-fläche in ha	1893[34] Produktions-menge in hl risone	1894[35] Produktions-menge in hl risone
Piemonte	3 257 485	3 258 725	3 689 428	3 250 156	1 967 086	3 836 335	2 845 473	87 511	3 074 415	88 398	3 367 540	88 474	3 237 327	3 189 636
Lombardia	2 363 765	2 205 528	2 542 204	2 330 101	1 303 460	2 299 589	2 530 252	68 102	2 845 060	68 757	2 910 049	71 692	3 344 813	4 687 178
Veneto	454 045	511 051	499 810	497 881	460 337	404 596	457 622	20 046	495 838	20 270	408 248	20 565	788 361	787 250
Emilia	539 199	528 841	461 382	536 606	403 089	356 367	447 515	16 656	445 462	16 333	471 411	16 170	670 725	603 661
Toscana	29 709	19 311	14 854	13 886	17 580	15 738	9 250	411	9 029	401	7 160	376	15 446	13 446
Meridionale mediterranea	1 086	1 864	1 864	2 553	226	2 396	4 645	113	2 200	55	1 500	50	2 541	1 785
Sicilia	14 540	17 100	14 270	16 898	12 960	15 162	8 336	254	25 590	475	14 126	500	42 411	54 607
Italien	6 659 829	6 542 420	7 223 655	6 648 081	4 254 747	6 921 183	6 303 093	193 093	6 937 594	194 689	7 260 034	197 827	8 655 168	9 337 625

[34] Die entsprechenden Angaben über die Anbauflächen vom Jahre 1894 bis 1890 fehlen.

[35] Zahlen der Jahre 1893 und 1894 aus der Gazetta ufficiale entnommen. Die Angaben derselben in Quintal (= 100 kg) wurden in hl umgerechnet (1 hl = 56 kg).

Der beim Reisbau erzielte Nutzen wird durch den Ertrag des Feldes auf der einen und die Kulturkosten auf der andern Seite bedingt. Was den Ertrag eines Reisfeldes pro ha betrifft, so richtet sich derselbe im wesentlichen nach der Güte des Bodens und des zugeführten Wassers, nach der Art des Reisfeldes, je nachdem der Reis auf demselben alterniert oder perenniert, ferner nach der Varietät desselben und dem Alter des Reisfeldes, ist also demgemäfs grofsen Schwankungen ausgesetzt: kein Wunder daher, dafs die Schätzungen verschieden ausfallen.

Nach der auf amtlichen Erhebungen beruhenden, oben mitgeteilten Tabelle ist der Ertrag z. B. in den Provinzen Novara und Pavia im Mittel 44,40, die Mailands 43,00. Die Landwirte geben bei der Versicherung ihrer Reisfelder 2 Quintale bei guten Feldern, 1,50 bei weniger guten, pro Pertica milanese an, d. h. 60 hl im einen, 38—40 hl im andern Falle pro ha.

Malinverni[36]) macht folgende Angaben über Erträge der Reisfelder:

1. Jahr. Riso bertone, nach Weizen 70 hl = 42,00 Quintal (1 Qu. = 100 kg)
   oder » Ostigliese .... 70 » = 35,00 »
2. Jahr. » Ostiglione (Novarese). 65 » = 32,50 » } Mittel
3. » » Ostigliese .... 50 » = 25,00 » } 56 hl = 30 Qu.
4. » » » .... 40 » = 20,00 »

Diese Mittelwerte können nach dem Urteile Bordigas allgemeine Gültigkeit, wenigstens für die Lombardei und Piemont für sich in Anspruch nehmen und entsprechen einem Ertrag von 20 hl geschälten Reises (riso bianco). Sehr häufig wird dieser Betrag weit überschritten: so wurde z. B. in einzelnen Fällen in Novara eine Ernte von 125 hl = 72—75 Quintal und gar von 140 hl = 62,40 Quintal erzielt.

Von den fremden Sorten sind die von Java und Japan die einträglichsten; von ersteren erntete man auf einer Besitzung in Novara 42 Quintal;' von letzteren 35—40 Quintal pro ha. Naturgemäfs hängt in allen diesen Fällen der Ertrag auch wesentlich von der Sorgfalt ab, mit der die Kultur betrieben wird. Abgesehen von der mehr oder weniger guten Beschaffenheit des Bodens fällt ganz besonders das Alter desselben in betracht. Auf neuen Reisfeldern kann man im ersten Jahre nach einer Wiesenkultur 30—50 Qu., im zweiten Jahre noch 25—40 oder 45 Qu. ernten.

---

[36]) Malinverni. Il riso vercellese all Esposizione Universale di Vienna del 1873. S. 39.

Die permanenten Reisfelder von guter Beschaffenheit liefern bei sorgfältiger Pflege 25—35 Qu., solche mittlerer Güte unter denselben Bedingungen immerhin noch 20—25 Qu. Auf unfruchtbaren Sumpfstrecken ist der geringste Ertrag 15 Qu., der höchste 30 Qu., der mittlere 22—33 Qu.. Ausnahmen sind auf der einen Seite 10 Qu., auf der andern 60—70 Qu.

Als allgemeine Mittelwerte giebt Bordigia[37]) für die Provinz Novara folgende an:

auf guten Reisfeldern .... 55—70 hl
" mittelmäfsigen Reisfeldern .... 40—50 "
" mageren Reisfeldern .... 30—40 "

Bei einem Preise von 11 Lire pro hl risone berechnet er den Gesamtwert einer Ernte wie folgt:

auf guten Reisfeldern .... Lire 605—770
" mittelmäfsigen Reisfeldern .... " 440—550
" mageren Reisfeldern .... " 330—440.

Das Reisstroh, mit 2 Lire pro Quintal berechnet, liefert folgende Werte:

auf guten Reisfeldern .... Lire 90—120
" mittelmäfsigen Reisfeldern ..... " 66—84
" mageren Reisfeldern .... " 48—66.

Demnach würde sich der Wert eines Reisfeldes mittlerer Güte pro ha im ganzen auf etwa 500—650 Lire belaufen.

Die Kulturkosten, die ebenso sehr wie die Erträge des Bodens in ihrem Betrage schwanken, erstrecken sich auf folgende Punkte: Berieselungswasser, Steuer, Bearbeitung des Bodens, Dünger, Düngung, Saat und Besäung, Reinigung des Reisfeldes, Beaufsichtigung und Betrieb der Berieselung, Ernte, Drusch und Trocknen, Versicherung gegen Hagel und Reiskrankheiten.

Bordiga[38]) berechnet unter Berücksichtigung des seit den 80er Jahren von L. 11 auf L. 8—9 pro hl. rirone (oder von L. 20 auf 16,50 pro Quintal) den Gewinn eines alternierenden Reisfeldes pro ha je nach Güte in der folgenden Weise:

	Reisfelder der Güte				
	I.	II.	III.	IV.	V.
Ertrag in L.............	936	837.50	741	644.50	546
Kulturkosten (ohne Pacht) ..	490	459	426	396	363
Bodenpacht	153	136	119	102	85
Gewinn...............	293	242.50	196	146.50	98

[37]) Bordiga, a. a. O. S. 174.
[38]) Mitgeteilt in Monografia statistica sulla coltivatione del riso. S. 123.

Übrigens mufs berücksichtigt werden, dafs hierbei nur die beiden ersten, also einträglichsten Jahre einer auf Wiesenkultur folgenden Reiskultur zu Grunde liegen, die ohne Düngung die höchsten Erträge geben, während in den folgenden Jahren bedeutende Mengen Dünger zugeführt werden müssen, um noch ein Produkt von 25—40 Qu. zu ergeben, und dafs nachher auf dem durch die Reiskultur erschöpften Boden nur noch 16—20 hl Weizen trotz stärkster Düngung geerntet werden können.

Der Gewinn aus permanenten Reisfeldern wurde entsprechend dem obigen wie folgt geschätzt:

	Wert des Ertrags pro ha, der Güte				
	I.	II.	III.	IV.	V.
Wert der Prod. (17 Lire pro Qu.) L...	615	533	451	369	287
Kulturkosten ohne Pacht.........	442	402	361	321	281
Bodenpacht....................	130	104	78	52	24
Gewinn besw. Verlust............	43	27	12	— 4	— 18

Schon bei der ersten Zusammenstellung ergab sich für solche permanente Reisfelder, die nur einen jährlichen Ertrag von 14 Quintal liefern, ein Verlust von 17 Lire und auch für Ländereien 4. Güte kein lohnender Ertrag mehr. Nach letzterer ist dagegen der Reisbau schon auf Feldern 3. Güte kaum noch lohnend. Es ist unter diesen Umständen dem Landmann kaum möglich, auf magerem Boden die hohe Pacht für Wasser, die in Novara Vercelli und der Lombardei 24--26 Lire beträgt, zu erschwingen.

Im übrigen ist die Reiskultur eine der einträglichsten Kulturen Italiens. Nur die in Italien so hoch entwickelte Wiesenkultur wirft gleichen oder noch höheren Gewinn ab. Der Wert einer Gesamternte beträgt immer noch 50—70 Millionen Lire, betrug aber im Anfang der 70er Jahre bei höheren Preisen und gröfserer Produktion sogar gegen 100 Millionen Lire.

Der Nutzen des Reisbauern wird noch um einen bedeutenden Betrag erhöht, wenn er, wie es früher immer geschah, selbst die weitere Bearbeitung des Reises übernimmt. Durch das Enthülsen und Schälen erhält man von 1 hl risone, das 10.50 Lire kostet, die folgenden Produkte:

Riso bianco................ 0,38 hl à L. 28.00 = 8.40 Lire
Bruchreis { Mezza grana e risetto 0,10 „ „ „ 17.00 = 1.70 „
{ Risino.......... 0,05 „ „ „ 10.50 = 0.53 „
Verschiedene Abfälle.................... = 1.20 „

Summa L. 11.83
Wert eines hl risone „ 10.50
Gewinn pro hl L. 1.33

Die zur gewöhnlichen Bearbeitung des Reises nötigen Maschinen und hydraulischen Motoren, die sich auf fast allen Besitzungen vorfinden, sind schon mit in die Pacht einbegriffen. Kosten werden also nur durch die wenigen zur Bedienung derselben nötigen Arbeitskräfte verursacht, so dafs die Auslagen pro hl auf höchstens 0.40 bis 0.50 Lire zu stehen kommen. Es bleibt also ein Gewinn von nicht ganz 1 Lire pro hl risone.

Seit einigen Jahrzehnten ist aber die Bearbeitung des Reises Gegenstand einer besonderen, hoch entwickelten Industrie geworden, welche die Bearbeitung des Reises nach neueren Methoden und mit vervollkommneteren, kostspieligen Maschinen bewerkstelligt. Der Reisbauer steht sich daher jetzt besser, das von ihm eingeerntete Produkt solchen Fabriken zur weiteren Bearbeitung zu übergeben, die uns eingehender im nächsten Abschnitt beschäftigen soll.

VI.
Verarbeitung, Verbrauch und Handel.

Um den nach dem Drusch noch mit der Spelze und der inneren dünnen Fruchtdecke umkleideten Reis für den Handel geeignet zu machen, geht er aus der Hand des Landmanns in die des Fabrikanten; wenigstens ist diese Trennung der Arbeiten, wie schon oben angedeutet wurde, in den letzten Jahrzehnten üblich geworden. Maschinen der verschiedensten Art bewerkstelligen jetzt das Schälen (pilatura) und Polieren (brillatura) des Reises. Bis zum Jahre 1863 bediente man sich dazu ausschliefslich eines sogenannten Stampfwerkes. Dasselbe besteht aus einer Reihe schwerer Balken (pistelli), die durch den Daumen einer durch Wasserkraft bewegten Welle wechselseitig gehoben werden. Beim Herabfallen zerstampfen sie den in Mörsern befindlichen Reis und befreien ihn auf diese Weise von den Fruchtschalen. Ein solcher Balken, deren oft Dutzende in doppelter oder mehrfacher Reihe nebeneinander stehen, macht gewöhnlich 45 Stösse in der Minute und schält täglich gegen 6 hl. Wie die Tasten einer Klaviatur bewegen sich die Stösser auf und ab. Diese Stampfwerke sind auch jetzt noch in Gebrauch; doch benutzt man neben denselben noch die von Berti-Pichat im Jahre 1863 eingeführten Graupenmühlen (brunini). In diesen wird der Reis durch einen Läufer geschält, der sich über einem Sandsteinboden bewegt und 250 Umgänge in der Minute macht. Er bearbeitet 8—20 Zentner in der Stunde, vom begrannten Reis mehr, vom unbegrannten weniger. Für letzteren hat man auch besondere Grannenbrecher.

Sie bestehen aus einem mit Stahlspitzen versehenen, massiven Cylinder, der sich in einem 2 m langen Holzcylinder dreht, dessen Innenseite ebenfalls mit Spitzen versehen ist. Mit diesen Maschinen wird der für den Verbrauch im eigenen Lande bestimmte Reis hergestellt, für den die Namen Riso bianco oder Riso mercantile üblich sind.

Um den Reis für den Grofshandel geeignet zu machen, geht er aufserdem mit Spreu vermischt noch durch Reibmühlen (grolle). Ihren wesentlichen Bestandteil bildet ein von eisernen oder hölzernen Wänden eingefafster Sandsteinboden, über dem sish zwei aufrechtstehende Steinringe bewegen. Diese stehen 5 cm über dem Boden und werden durch Kreuze aus Holz oder Eisen, ähnlich wie in den Ölmühlen, an einer wagerechten Drehaxe gehalten. Durch ein Gegengewicht werden sie in demselben Mafse gehoben, als sich der Reis anhäuft, so dafs ein gleichmäfsiger, nicht allzu starker Druck ausgeübt wird. Endlich geht der geriebene Reis, abgesehen von verschiedenen Siebvorrichtungen, noch durch einen Bürstencylinder aus durchlöchertem Eisenblech oder feinem Drahtgeflecht.

Neben dem geschälten und polierten Reis liefert die Bearbeitung in diesen Maschinen noch mehr oder minder wertvolle Nebenprodukte, wie Bruchreis (mezzo riso und risino), Spreu und Reisfuttermehl. Ein weiter Weg führt also das Reiskorn durch alle diese Maschinen bis zu seiner vollkommenen Form. Sein Wert wird dadurch bedeutend erhöht, so dafs die Unkosten reichlich gedeckt werden.

Italien tritt mit dieser, an Bedeutung mehr und mehr zunehmenden Industrie in Wettbewerb mit andern Ländern Europas, die zwar selbst keinen Reis produzieren, aber in steigendem Mafse den entweder rohen oder nur der ersten Hülse entkleideten Reis einführen und seine weitere Bearbeitung selbst übernehmen. Unter diesen hatte lange Zeit England mit seinen bedeutenden Reismühlen in Liverpool und London die Führung behauptet, bis es dieselbe infolge des gewaltigen Aufschwungs, den die Reisindustrie in Bremen genommen hatte, in den letzten Jahren an Deutschland abtreten mufste. Was Rangoon, der bedeutendste Reisausfuhrhafen, für Ost-Asien bedeutet, das ist jetzt Bremen für die europäische Reiseinfuhr.

Der Verbrauch an Reis[39]) ist in Italien bekanntlich sehr bedeutend. Es stellte im Jahre 1883 den höchsten durchschnittlichen Betrag pro Jahr und Kopf mit 22,8 kg. Danach folgten England mit 6 kg, Deutschland mit 1,90 kg und die vereinigten Staaten Nordamerikas mit 1,75 kg. Dabei wächst der Verbrauch an Reis in diesen Ländern, nicht am wenigsten in Italien selbst, von Jahr

---

[39]) Dr. A. Oppel, der Reis. (Einzelbilder aus der Weltwirtschaft.) S. 55. Scherzer, das wirtschaftliche Leben der Völker. 1885.

zu Jahr. In Deutschland betrug er nach dem statistischen Jahrbuch im Jahre 1891/92 2,69 kg pro Kopf der Bevölkerung.

Der gröfste Teil des im Lande zurückbleibenden Reises wird in Ober-Italien selbst verbraucht. In Mittel- und Unter-Italien ist der Reisverbrauch wesentlich geringer.

Der chemischen Analyse der verschiedenen Reissorten, die ja einerseits für die Wahl der Düngerstoffe, anderseits zur Bestimmung des Nährwertes des im italienischen Haushalt so bedeutungsvollen Nahrungsmittels von hohem Nutzen ist, hat man in jüngster Zeit ganz besondere Aufmerksamkeit geschenkt. Aus den Untersuchungen geht hervor, dafs der Nährwert des Reises, also sein Gehalt an stickstoffhaltigen Substanzen, dem Albumin, verhältnismäfsig gering ist, und zwar bei den verschiedenen Sorten um so geringer, als der Hauptbestandteil, das Stärkemehl, vorherrscht. Der Gehalt an Albumin nimmt von den oberen Schichten des Korns nach der Mitte zu ab, so dafs also der Reis um so weniger nahrhaft ist, je mehr von seiner äufseren Schicht bei der Bearbeitung verloren geht. Der Italiener glaubt auch, dafs mit der starken Bearbeitung der Reis an Geschmack verliert, weshalb er, wie schon erwähnt, wenigstens was das Produktionsgebiet betrifft, den sogenannten Merkantilreis, oder „weifsen Reis" im engeren Sinne, dem vollkommen bearbeiteten (riso brillato) vorzieht. Anderseits geht auch aus obigem hervor, dafs die Abfälle bei der Bearbeitung, wie Spreu und Reismehl, sehr nahrhafte Futtermittel sind.

Ungeschälter Reis enthält nach der Analyse Kellers[40])

Rohprotein	Rohfette	Rohfaser	Stärke, dextrin. Zucker	Asche
7.00	2.29	4.58	84.76	1.37

Von Interesse ist ein Vergleich der Analyse des Reises mit der andrer Nahrungsmittel, Körner- und Hülsenfrüchten, Kartoffeln und Kastanien, wie wir sie nach Johnson[41]) im folgenden geben.

Zusammensetzung	Reis	Weizen	Gerste	Mais	Erbsen	Bohnen	Linsen	Frische Kastanien	Kartoffel
Wasser	14.6	14.4	14.3	14.4	14.3	14.5	14.5	49.2	75.0
Organische Stoffe	89.9	83.6	83.4	83.5	83.2	82.0	8.20	49.0	24.1
Asche	0.5	2.0	2.3	2.1	2.5	3.5	3.5	1.8	1.1
Organische Stoffe — Albumin	7.5	13.0	9.0	10.0	22.4	25.5	23.8	3.0	2.0
Organische Stoffe — Kohlenhydrate {Fett, Stärke, Zuck.}	76.5	67.6	65.9	68.0	52.3	45.5	52.0	45.2	21.0
Organische Stoffe — Rohfaser	0.9	3.0	8.5	5.5	9.2	11.5	6.9	0.8	1.1

[40]) Nobbes, landwirtschaftliche Versuchsstationen, Band XXX. 1884.
[41]) Mitgeteilt in Monografia statistica sulla coltivizione del riso. S. 136.

Der Reis übertrifft also alle übrigen hier aufgeführten Nahrungsmittel im Gehalt an Kohlenhydrat. Er wird daher, wenn die Preise es zulassen, zur Bereitung von Alkohol und Stärke vorgezogen. Er übertrifft auch Kastanien und Kartoffeln in der Menge des Albumin, steht aber in dieser Beziehung nicht nur den Hülsenfrüchten, sondern auch den angeführten Getreidearten nach.

Ist nun auch, wie aus vorstehendem hervorgeht, der eigentliche Nährwert des Reises nur gering, weshalb es auch erklärlich wird, dafs die Ostasiaten solche Unmassen von Reis zu ihrer Ernährung gebrauchen,[42]) so wird dieser Umstand doch seiner Bedeutung in der Weltwirtschaft keinen Abbruch thun. Denn einerseits giebt es kaum ein Nahrungsmittel, das so leicht verdaulich ist und so wenig Zubereitungskosten verursacht wie die aus dem Reis zubereiteten Speisen, anderseits ist der Reis in den Ländern, wo er nicht produziert wird, meist Luxusspeise und kann, wie es z. B. in Italien geschieht, durch nahrhafte Zuthaten im Nährwert nach Belieben erhöht werden.

In Italien dient der Reis, wenn auch in verschiedenem Grade bearbeitet und verschieden zubereitet, allen Bevölkerungsklassen zur Nahrung. Die häufigste Verwendung findet er in der Suppe, der sogenannte Minestra a brodo, der meist noch andre Zuthaten wie Bohnen, Erbsen, Linsen, Fleisch, Käse oder Eier zugesetzt werden, und dadurch ebenso sehr Schmackhaftigkeit als Nährkraft gegeben wird. Einer gleichen Beliebtheit erfreut sich in Italien eine unter dem Namen risotto alla milanese bekannte, dem Pillaw der Vorderasiaten ähnliche Speise, in der ebenfalls der Reis mit mannigfach wechselnden Substanzen, wie Fleischbrühe, Butter, Käse, Safran vereinigt ist.

Von den Nebenprodukten der Bearbeitung dient auch noch der Bruchreis (mezzo riso) den Italienern, besonders unter der Landbevölkerung als Nahrung, teils vermischt mit ganzen Körnern, teils allein, in Form eines Brodes, risetto genannt..

Die übrigen geringwertigeren Nebenprodukte, wie risino, der nur noch aus Körnerfragmenten besteht, die Hülse (pula oder pulone), die Kleie und das Reismehl werden je nachdem für Pferde, Schweine, Rindvieh, Gänse und Hühner verwandt. Auch in Deutschland wird diese Verwendung von Reisabfällen zu Futtermitteln mehr und

---

[42]) Ein malaischer Arbeiter Hinterindiens gebraucht nach Werner-Koernicke (a. a. O. S. 981) monatlich 28 kg Reis, ein Siamese sogar 32 kg und nicht viel weniger als 1 kg pro Tag nimmt auch ein Japaner oder Chinese zu sich.

mehr üblich. Daneben finden diese Nebenprodukte Verwendung als Puder, ferner in der Stärke- und Papierfabrikation. Erwähnt wurde schon, daß in Italien auch alkoholische Getränke aus dem Reiskorn gewonnen werden. Gleichem Zwecke dient er auch den Asiaten. Auf den Sundainseln und in Indien wird daraus Arrak hergestellt und in Japan bereitet man daraus eine Art Wein, den „Sake". Wir fügen endlich noch hinzu, daß der Bruchreis in England, Nordamerika und einigen Teilen Deutschlands zu sogenanntem Gries verarbeitet wird, der an Stelle von Malz zum Brauen der helleren Biersorten, in Deutschland namentlich der Pilsener Biere, dient.

Die größten Reismärkte liegen naturgemäß in den Hauptdistrikten der italienischen Reiskultur. Die wichtigsten von den 23 größeren Reismärkten Italiens sind neben Mailand: Vercelli, Novara und Mortara. Hier wird der Reis entweder direkt verkauft oder in Proben ausgestellt. Letztere Art des Verkaufs ist besonders dort üblich, wo, wie in Lomellina und Vercelli, Großgrundbesitz vertreten ist, während z. B. die kleineren Besitzer in Novara die erstere Art vorziehen. Der Verkauf wird meist von Maklern übernommen, die vom Käufer und Verkäufer einen gewissen Prozentsatz erhalten.

Der Ausfuhrhandel Italiens in Reis ist in den letzten Jahren stark zurückgegangen. Die Ursache dieser Erscheinung und der Rückgang der Reiskultur in Italien überhaupt, ist schon mehrfach angedeutet worden. Er ist in der immer mehr zu Tage tretenden Erschöpfung und daher verringerten Ertragfähigkeit des Bodens, vor allem aber in der Überschwemmung der europäischen Märkte mit asiatischem Reis begründet. Das der Reiskultur so überaus günstige Klima Südostasiens, das in den meisten Fällen eine künstliche Bewässerung entbehrlich macht, die weiten Flächen des vorzüglichsten Reisbodens, verbunden mit geringerem Lohn für Arbeitskräfte und der Masse des Produkts, alles das hat bewirkt, daß der Preis des aus Asien nach Europa eingeführten Reises bedeutend geringer ist, als der des italienischen. Die Folge davon ist, daß der Preis des italienischen dadurch gedrückt wurde, ähnlich wie es der italienischen Seide nach Eröffnung des Suezkanals erging.

Auch die bessere Qualität des italienischen Reises gegenüber dem asiatischen vermag kaum bei einer solchen Konkurrenz einen Ausgleich herbeizuführen.

Auf dem Pariser Markt[43]) im Jahre 1874 waren die Preise des Reises pro Quintal (= 100 kg) je nach seinem Ursprung wie folgt:

---

[43]) Bordiga, a. a. O. S. 188.

Monate des Jahres 1874		Reis aus Rangoon	Reis aus Calcutta	Reis aus Italien
Januar	(in Fres.)	39—48	44—58	52—60
Februar	״	39—48	44—58	52—60
März	״	39—48	44—58	52—60
April	״	40—48	44—58	52—60
Mai	״	40—48	44—58	52—60
Juni	״	47	47—57	52—60
Juli	״	45—47	47—57	50—60
August	״	37—47	46—56	50—60
September	״	37—47	46—56	50—60
Oktober	״	45—47	46—56	50—57
November	״	35—47	46—56	50—57
Dezember	״	35—47	46—56	50—57
Im Jahre 1878		37—46	45—57	48—60

Der Preisniedergang war seit den 70er Jahren auf den italienischen Märkten recht beträchtlich, wie folgende Tabelle[44]) zeigt:

Märkte	Reissorten	Jahr	Preis pro Quint. risone	Preisrückgang in % gegenüber dem ersten Preis
Novara	Nostrale	1876 1883	24.30 20.24	16.71
	Bertone	1876 1883	20.48 17.82	12.99
	Risino	1876 1883	16.89 13.42	20.59
Vercelli	Francone und Ostiglia	1874 1883	24.00 22.00	8.33
	Bertone	1874 1883	22.50 20.50	8.88
Mortana	Nostrale	1877 1883	23.68 18.61	21.41
	Bertone	1877 1883	19.75 16.91	14.33
Milano	Nostrano	1874 1883	24.81 20.75	16.36
	Bertone	1877 1883	23.22 20.75	10.64

[44]) Monografia statistica ed agraria. S. 150.

Der Gang des Preises von bearbeitetem Reis in L. pro Quintal war in Vercelli und Mailand von 1862 bis 1886 wie folgt:

Jahr	Vercelli	Mailand	Jahr	Vercelli	Mailand
1862	31.97	32.55	1875	35.82	41.45
1863	30.40	30.92	1876	41.16	42.44
1864	32.06	33.26	1877	40.52	42.45
1865	31.90	32.84	1878	37.80	39.64
1866	34.55	36.12	1879	38.15	38.96
1867	36.62	38.04	1880	38.92	38.59
1868	35.29	37.38	1881	30.63	33.94
1869	32.22	33.33	1882	30.68	34.06
1870	28.26	28.01	1883	30.21	38.45
1871	31.82	33.77	1884	31.07	35.41
1872	37.65	39.60	1885	28.23	31.25
1873	39.52	43.15	1886	29.76	31.48
1874	40.01	42.26			

Wie aus der nachfolgenden Tabelle ersichtlich ist, wird der Reis hauptsächlich nach Frankreich, Österreich, der Türkei, Amerika, Griechenland, Rufsland, Grofsbritannien, der Schweiz und Spanien ausgeführt. Novara schickt ihn fast ausschliefslich nach Österreich-Ungarn und von dort in die Donaustaaten. Der Ausfuhrhandel mit Frankreich vollzieht sich auf dem Seewege über Marseille oder durch den Col de Fréjus. Ebenfalls auf dem letzten Wege oder über den Simplon geht der Reis nach Genf und in die Südkantone der Schweiz. Von Genua aus wird er nach Griechenland, der Türkei und Amerika verschifft, doch ist Genua heute als Ausfuhrplatz für Reis nicht mehr so bedeutend wie ehedem.

Die Menge des ausgeführten Reises ging von 878913 Quintal im Jahre 1870 immer mehr abwärts und betrug 1888 nur noch 98090 Quintal. Die Ausfuhr von Reis[45]) mit und ohne Schale war von 1870—88 in Quintal wie folgt:

[45]) **Monografia statistica** S. 146 und 148.

— 49 —

Ausgeführt nach	1870	1871	1872	1873	1874	1875	1876	1877	1878	1879	1880	1881	1882	1883	1884	1885	1886	1887	1888
Frankreich	271615	1883960	264726	306340	277417	272856	246314	190446	234630	335090	2747240	256900	240010	2967740	2118000	1845900	21×260	1897790	200810
Österreich	1167632	209955	1899549	225456	1604198	1899086	139647	106930	213410	163810	183080	205190	222610	1997290	1855900	1872210	1553140	114330	36080
Europ. Türkei	103980	114709	1678	4495	37037	9004224	16990	5311442	156880	159440	115880	1859401	91160	1073560	1182770	125090	99010	41100	....
Amerika	63008	103923	814429	887	62793	88304	45736	36473	336530	44830	48140	85290	126699	1045300	74430	59670	887410	96870	....
Griechenland und Malta	86754	162	964	636	27079	53673	47864	40027	42180	17090	6960	700530	177500	266530	188660	22430	11560	9210	....
Rußland	48502	179	129525	78731	51791	23779	993	2534	2830	1930	1540	2070	168310	19010	149401	25990	21600	17680	1560
Großbritannien	144325	110933	58503	24907	67118	10223	13839	35565	119860	1830	4660	13930	315590	19010	4400	12100	4100	2600	15940
Schweiz	35408	21549	22301	260036	341550	266099	14087	30174	12740	197840	20800	29980	13160	231440	852230	21060	21660	19170	....
Ägypten	2552	13033	92184	868	188896	24644	1410	2501	3010	4040	5220	9570	6810	3630	2170	3160	2030	1500	....
Spanien, Portugal und Gibraltar	4808	55456	1706	....	1609	140	....	5560	5360	1650	2770	....	3200	2540	2350	4440	4800	1830	....
Tunis und Tripolis	1634	39970	16045	....	....	116	1163	7562	2380	2100	1640	3800	3730	3100	5820	1720	4870	4000	....
Englische Besitzungen in Asien	....	....	....	....	....	2240	2284	....	....	570	60750	....	....	4780	2150	3260	....	....	....
Deutschland	....	....	375	176	3592	....	....	1491	....	870	2280	400	8810	11400	13230	28500	19640	22350	10900
Asiatische Türkei	....	....	....	....	....	....	....	....	120	....	....	....	7030	24180	89870	14620	46310	19290	....
Rom (Provinz)	16500	....	....	....	....	....	....	....	....	....	....	....	....	....	....	....	....	....	....
Algier	1145	....	....	....	....	....	....	....	....	....	....	....	....	....	....	....	....	....	....
Holland	3850	343	....	976	948	210	534	436	3890	3710	4490	....	....	5900	660	1460	2340	1080	....
Belgien	906	....	....	....	144	211	....	....	....	600	810	230	....	2940	4390	640	1040	140	....
Schweden, Norwegen und Dänemark	....	....	....	....	350	446	275	....	....	....	....	....	....	....	610	5760	....	340	....
Serbien und Montenegro	....	....	....	....	....	....	....	....	....	....	....	....	....	....	....	....	....	....	50
Andre afrikanische Gegenden	....	....	....	....	....	....	....	....	....	160	....	....	....	....	....	....	990	690	....
Andre Länder	....	....	217	....	....	....	....	....	....	....	....	....	....	....	....	6430	....	....	13820
Summe	873918	819992	757230	668440	691730	727680	533970	437800	721590	751760	760970	1855890	7069640	7725430	7114930	6849950	7015840	541310	990990

Der geringen Ausfuhr im Jahre 1888 entspricht die äufserst geringe Produktion in demselben Jahre.

Während die Ausfuhr seit 1870 mit jedem Jahre zurückging, nahm seitdem die Menge des eingeführten Reises wenigstens bis zum Jahre 1884 stetig zu. Die starke Einfuhr von Reis in Italien erklärt sich einerseits durch das Emporkommen der für die Wiederausfuhr arbeitenden italienischen Reisindustrie, anderseits dadurch, dafs man in den letzten Jahrzehnten ausländischen Reis als Saatgut verwendet. Der eingeführte Reis stammt fast ausschliefslich aus Indien, von wo er entweder direkt oder durch Vermittelung Englands bezogen wird. Von den 3 379 187 Quintal in den 14 Jahren von 1870—83 eingeführten Reises kamen 2 787 172 aus Indien. Die Einfuhr von Reis mit und ohne Schale betrug in Quintal von 1870—88 wie folgt:

Eingeführt aus	1870	1871	1872	1873	1874	1875	1876	1877	1878	1879	1880	1881	1882	1883	1884	1885	1886	1887	1888
Grofsbritannien	458	345	2996	2933	18530	74544	110638	127080	59060	161490	206630	174990	161450	159030	76090	69460	90930	30650	1410
Engl. Besitzungen in Asien	...	...	...	...	...	...	...	...	24690	71360	390700	285700	333300	471890	598950	134500	87010	207900	...
Österreich	21388	14094	9936	9389	14667	8902	19950	33899	14250	3810	5670	6390	4140	7460	8500	19810	33660	21960	250
Deutschland	197	70	22975	1784	1636	760	17554	2315	920	1770	1030	...	2100	89410	69030	38900	176900	64530	3590
Frankreich	...	...	50439	...	690	...	...	7	...	3890	10100	1030	4430	3970	3930	3030	13250	1680	70
Amerika	...	4131	...	...	...	...	...	...	...	3630	...	...	5750	5120	750	25610	...	130	...
Griechenland und Malta	...	590	...	4915	6650	3	1941	9	990	7150	15770	7660	7990	3500	3690	3570	14470	3650	...
Ägypten	...	...	...	...	10754	3711	23487	...	5630	...	...	...	7690	...	...	...	360	200	...
Europ. Türkei	...	...	...	...	...	...	...	...	410	2080	470	...	650	15660	10430	37360	27810	53990	...
Holland	...	...	...	...	...	...	...	...	...	...	...	...	...	15430	168100	14650	...	2750	...
China und Japan	...	...	...	...	...	...	...	16920	...	...	...	...	...	...	...	...	...	...	...
Mossins C. P.	...	...	...	...	...	...	...	...	...	...	...	...	3510	...	...	...	...	...	...
Schweden, Norwegen und Dänemark	...	...	...	...	...	...	...	...	...	80	...	...	...	...	350	...	...	...	...
Schweiz	...	...	262	...	...	...	...	283	...	...	...	...	...	...	1090	167010	...	...	...
Rufsland	...	...	...	...	...	...	...	...	...	...	...	...	...	...	...	250	500	450	...
Belgien	...	...	...	...	...	...	...	...	...	...	...	...	...	...	...	...	...	1690	...
Andre Gegenden Asiens	...	...	...	...	...	...	...	...	...	...	...	...	...	...	...	...	...	39000	...
Andre Länder	...	...	...	...	...	...	...	...	...	...	...	...	...	...	...	...	...	...	96310
Summe...	21097	18660	65560	248880	217700	87540	167210	163950	119570	259950	503350	429510	435950	770090	948840	456370	475630	411290	102690

Die starke Verminderung der Einfuhr im Jahre 1888 ist gröfstenteils auf den damals eingeführten Schutzzoll auf Reis zurückzuführen. Vom Jahre 1888 ab war die Einfuhr von Reis immer nur gering, in den Jahren 1892 und 1893 war sie kaum noch von Belang, die Ausfuhr dagegen stieg wiederum zu nennenswerter Höhe und entsprach im Jahre 1893 mit 339 949 Quintal einem Werte von L. 11 235 920.

Ein- und Ausfuhr von geschältem und ungeschältem Reis betrug in Quintal in den Jahren 1889—93 wie folgt:

Jahr	Einfuhr	Ausfuhr
1889 [46])	199 930	16 320
1890 [46])	111 890	84 870
1891 [47])	153 390	286 260
1892 [48])	5 130	282 204
1893 [49])	640	339 948

Mit der Ein- und Ausfuhr sind unverkennbar die Regierungsmafsnahmen verknüpft, die man zum Schutze der Landwirtschaft wie der Reisindustrie getroffen hat, indem man durch Einführung eines Zolles auf eingeführten Reis der gefänrlichen, asiatischen Konkurrenz zu begegnen suchte. Durch Gesetz vom 21. April 1887 wurde zum ersten Mal Zoll auf ausländischen Reis gelegt. Er betrug zunächst L. 30 pro Tonne für ungeschälten Reis (riso con lolla) und L. 60 für geschälten Reis (riso senza lolla). Im Jahre 1888 wurde der Zoll auf L. 50 beziehungsweise L. 110 erhöht. Endlich trat 1890 eine abermalige Änderung ein, wonach der Zoll auf ungeschälten Reis L. 50, auf halb bearbeiteten (riso semi-greggio), meist aus Barma und Japan stammenden Reis L. 75 und auf vollständig bearbeiteten (riso lavorato) L. 110 betrug. — So suchte man der Landwirtschaft zu helfen, ohne dafs die Reisindustrie geschädigt wurde, da der Nutzen der Bearbeitung der italienischen Reisindustrie zu gute kam.

Die Zölle übten, wie wir gesehen haben, seit dem Jahre 1888 eine deutliche Wirkung auf Ein- und Ausfuhr aus. Auffallend und wohl auf die Schutzzölle zurückzuführen ist auch die Vergröfserung des Reisareals im Jahre 1891 um 1596 ha gegenüber dem Vorjahr.

---
[46]) Annuario statistico von 1888—90.
[47]) Bolletino di notizie agrarie, 1893, nach Umrechnung der in demselben auf hl von risone reduzierten Angaben.
[48]) Movimento commerciale del Regno d'Italia 1891.
[49]) Gazzetta ufficiale 1893.

Nach diesen Anzeichen darf man wohl annehmen, daſs die Zölle dazu beitragen werden, der Landwirtschaft über die Krisis hinwegzuhelfen, die eben gröſstenteils durch die unbeschränkte Überschwemmung mit billigen asiatischen Reises hervorgerufen wurde, wenn auch dabei die langjährige Aussaugung und schlieſsliche Erschöpfung des Bodens, besonders der permanenten Reisfelder, und nicht zum wenigsten auch der Ansturm gegen die angeblich gesundheitschädlichen Wirkungen der Reiskultur mit in Betracht kommt.

Bemerkungen zur Karte.

Die Karte soll den Umfang der Reiskultur Italiens in den Jahren 1879—83 zur Darstellung bringen. Die Provinzen, die sich noch in den Jahren 1870—74 am Reisbau beteiligten, ihn dann aber aufgaben, sind durch grüne Parallelstriche kenntlich gemacht. Die vier abgestuften Farbentöne entsprechen dem Verhältnis des Reisareals zum Gesamtareal eines Distrikts. Beim schwächsten Farbenton kommen auf je 1000 Flächeneinheiten des letzteren weniger als 100 an Reis, beim folgenden weniger als 200 (Isola della Scala, Pavia, Ariano nel Polesine und Abbiategrasso), beim nächsten weniger als 300 (Mortara, Novara und Ostiglia), beim dunkelsten endlich gegen 450 (Vercelli).

Die Hauptorte der Reisdistrikte sind einmal schwach, die Hauptorte der gleichnamigen Provinzen mit Reiskultur sind einmal stark unterstrichen, oder wenn die Namen von Provinz und Distrikt sich decken, dieselben mit zwei gleichfalls verschieden starken Strichen versehen.

Angabe der benutzten Litteratur.

Annali di statistica. Verschiedene Jahrgänge.
Annuario statistica italiano. Verschiedene Jahrgänge.
Bolletino di notizie agrarie. Verschiedene Jahrgänge.
Bolletino dell' agricoltura. Organo della Societa agraria di Lombardia. Verschiedene Jahrgänge.
Bordiga e Silvestrini, Del riso e della sua coltivazione. Novara 1880.
Dünkelberg, Landwirtsch. Jahrbücher 1881, S. 893—940. („Kulturtechnische Reiseskizzen aus Ober-Italien.")
Eheberg, Agrarische Zustände in Italien. 1886 (in den „Schriften des Vereins für Sozialpolitik". XXVIII.)
Th. Fischer, Die südeuropäischen Halbinseln. („Unser Wissen von der Erde", herausgegeben von Kirchhoff, III 2b.)

Gieseler, Landwirtsch. Jahrbücher. 1881.
Grisebach, Vegetation der Erde.
V. Hehn, Kulturpflanzen und Haustiere. 1885.
Jacini, La Proprieta fondiaria e le popolazioni agricole in Lombardia. 1857.
Monografia statistica ed agraria sulla coltivazione del riso in Italia. Ministero di agricoltura, industria e commercio. Roma 1889.
Movimento commerciale del Regno d'Italia, von 1889—1891.
Nifsen, Italische Landeskunde. 1. 1883.
Notizie di statistica agraria. 1891.
Notizie intorno alle condizioni economiche della provincia di Pavia.
A. Oppel, Der Reis. (Einzelbilder aus der Weltwirtschaft. Bremen 1891.)
J. J. Rein. Japan II. 7. 1886. S. 43—57.
J. J. Rein, Gesammelte Abhandlungen, S. 220—230. (Reisbau in Spanien.)
K. Scherzer, Das wirtschaftliche Leben der Völker. Handbuch über Produktion und Konsum. 1885.
Werner-Koernicke, Handbuch des Getreidebaues. I. u. II. Teil. 1885.
Werner, Landwirtschaftliche Reiseskizzen aus Ober-Italien. (Landw. Jahrb. 1882. S. 264.)

Lebenslauf.

Geboren bin ich, Emil Husmann, ev. Konf., am 12. Mai 1869 zu Boenen in Westfalen, als Sohn des Hauptlehrers Karl Husmann und Bertha Husmann, geb. Klingholz. Nach Beendigung des Elementarunterrichts in Homberg a./Rhein besuchte ich von dort aus das Realgymnasium zu Ruhrort und erhielt daselbst im Jahre 1887 das Zeugnis der Reife. Um neuere Sprachen und Geographie zu studieren besuchte ich die Universitäten Bonn und Berlin. In Bonn war ich Mitglied des romanischen, geographischen und englischen Seminars unter Leitung der Herren Professoren Foerster, Rein und Trautmann und in Berlin Mitglied des geographischen und englischen Seminars unter Leitung der Herren Professoren v. Richthofen und Zupitza. Zwei Jahre lang war ich sodann als Hauslehrer in Meiderich b./Ruhrort thätig. In diese Zeit fällt eine Studienreise nach Ober-Italien, die ich auf Anregung des Herrn Professor Rein behufs Vorbereitung für die vorliegende Arbeit unternahm. Am 17. Juni des Jahres 1893 unterzog ich mich der Prüfung pro facultate docendi. Im Herbst desselben Jahres trat ich mein pädagogisches Seminarjahr am städtischen Realgymnasium und Gymnasium zu Düsseldorf an und wurde nach Beendigung desselben dem Realgymnasium zu Ruhrort zur Ableistung des Probejahrs überwiesen. Allen meinen verehrten Lehrern spreche ich hiermit meinen herzlichsten Dank aus. Ganz besonders fühle ich mich den Herren Professoren Foerster und Trautmann zu Dank verpflichtet, sowie vor allem auch Herrn Geheimrat Professor Rein, der stets ein wohlwollender Berater und Förderer meiner Studien war und besonders auch bei dieser Arbeit mir mit Rat und That zur Seite stand. Zugleich ist es mir eine angenehme Pflicht, dem Herrn Eckhardt, Kanzler des deutschen Konsulats in Mailand und Herrn Clerici, Vizepräsidenten der „Società agraria di Lombardia" auch an dieser Stelle nochmals für das freundliche Entgegenkommen und die Unterstützung zu danken, die sie mir bei meiner Anwesenheit in Mailand haben zu teil werden lassen.

Thesen.

1. In Malariagegenden ist der Thalwind von Einfluſs auf die Verbreitung des Fiebers.
2. Vulkanische Erscheinungen stehen in ursächlichem Zusammenhang mit dem Meer und mit gröſseren Landseen.
3. Die Erdrotation hat keinen Einfluſs auf den Lauf der Flüsse.
4. In Drydens „All for love", der Umarbeitung der Shakespeareschen Tragödie „Antony and Cleopatra" sind manche bewuſste Abweichungen von dem Vorbild auf französischen Einfluſs zurückzuführen.
5. Byrons Beurteilung Robert Southey's ist zu hart.